QUALITÉ MON Q !

Dominique Dupagne

© 2016, Dominique Dupagne

Éditeur BoD – Books on Demand

12/14 Rond-point des Champs Élysées, 75008 Paris

Impression : BoD - Books on Demand, Allemagne

Dépôt légal : mai 2016

ISBN : 978-2-810616879

À Franck Lepage

Dans un bar à glaces faisant partie d'une célèbre chaîne commerciale, un client laisse tomber sa cuillère. Un serveur la remplace immédiatement par un couvert propre qu'il sort de la poche de son gilet.

Impressionné par une telle efficacité, le client l'interroge au moment de régler l'addition.

"J'ai vu que vous portiez une cuillère sur vous, d'où vient cette excellente idée ?"

"Eh bien monsieur, notre groupe s'est engagé dans la Démarche Qualité. En portant en permanence sur nous des cuillères propres, nous gagnons en efficacité."

"C'est très intelligent ! Mais pardonnez ma curiosité : je vois que vous avez tous un brin de laine noir qui dépasse de votre braguette, c'est aussi de la Qualité ?"

"En effet monsieur ! Vous êtes très observateur ! En général, nous allons uriner une ou deux fois pendant notre service, et la nouvelle procédure Qualité-Hygiène nous impose de nous laver les mains pendant trois minutes, ce qui nous fait perdre du temps. Du coup, le département efficience nous a demandé d'attacher un brin de laine à notre verge ! Nous pouvons donc la sortir de notre pantalon sans la toucher et le lavage des mains n'est plus nécessaire !"

"C'est brillant ! Mais…"

Le client réfléchit en fronçant les sourcils.

"Mais comment faites-vous pour la remettre dans votre pantalon ?"

Le serveur se penche à son oreille, et lui répond à voix basse :

"Je ne sais pas comment font les autres, mais moi, j'utilise la cuillère…"

Cette histoire vous parle ? Vous pensez que la *Démarche Qualité* de votre entreprise ou de votre administration est une vaste fumisterie ? Vous êtes artisan et vous doutez de l'intérêt réel des innombrables normes, directives et autres règles de sécurité qui vous sont imposées au nom de la "Qualité" ?

Vous avez peut-être raison.

La Qualité (avec un grand Q) a permis des progrès considérables dans la production industrielle, mais son intérêt est beaucoup moins évident dans le secteur tertiaire. C'est en tout cas l'opinion des scientifiques qui étudient les interactions humaines : les *sociologues des organisations*.

La Démarche Qualité peut conduire au meilleur comme au pire ; dévoyée, elle peut devenir toxique.

Mais alors, comment expliquer un tel succès pour une méthode qui peut détruire le plaisir de faire du bon travail et menacer gravement le fonctionnement des organisations ? La réponse se trouve peut-être au cœur de la nature humaine, de son ADN : **la démarche Qualité est un merveilleux outil de domination.** Elle permet à des cadres ou des contrôleurs dépourvus de compétences techniques d'exercer leur autorité sur des employés qualifiés et expérimentés. Elle permet d'assujettir les subordonnés qui invoquent leur compétence pour résister aux injonctions de leur encadrement sur l'air de "Laissez-moi travailler, je sais mieux que vous comment faire mon boulot !".

Henri Laborit, neurochirurgien et sociologue, affirmait dans le film *Mon oncle d'Amérique* :

> *Tant qu'on n'aura pas diffusé très largement à travers les hommes la façon dont fonctionne leur cerveau, la façon dont ils l'utilisent et tant que l'on n'aura pas dit que*

jusqu'ici, cela a toujours été pour dominer l'autre, il y a peu de chances qu'il y ait quoi que ce soit qui change.

Depuis que l'Homme vit en groupe, de la tribu primitive à l'entreprise moderne, son fonctionnement social est hiérarchique : chef, sous-chefs, subordonnés. Comme chez les loups et la quasi totalité des autres mammifères grégaires, cette organisation pyramidale se met en place automatiquement dans tous les groupes humains importants, partout, dans toutes les cultures, sous toutes les latitudes. Il existe certes des variantes en terme de structure et d'organisation, mais elles ne s'affranchissent que très exceptionnellement des rapports de domination-soumission.

Cette interprétation biologique des comportements humains choque souvent. Beaucoup d'entre nous pensent encore que l'Homme est une espèce fondamentalement différente de ses cousins les grands singes. Pourtant, les primatologues ont montré depuis longtemps que les comportements sociaux et politiques des chimpanzés sont extraordinairement proches des nôtres. La prochaine fois que vous irez dans un zoo en été, observez l'aire des babouins. Après quelques minutes, vous vous croirez au travail !

L'objectif de cet ouvrage est de vous faire comprendre que la Démarche Qualité dévoyée n'est bien souvent qu'une banale lutte de pouvoir. Quand vous aurez compris les véritables déterminants de la Qualité, vous serez plus serein et mieux armé pour résister à cette nouvelle aliénation. Vous apprendrez enfin à la ridiculiser, car l'humour reste la meilleure arme contre l'absurde.

Chapitre I

De la qualité à la Qualité

Le mot qualité désignait initialement les caractéristiques d'une chose ou d'une personne. Voici la définition qu'en donne Émile Littré au 19ᵉ siècle :

> *"Ce qui fait qu'une chose est telle. Bonté, méchanceté, blancheur, rougeur sont des qualités. La bonne qualité des aliments. La mauvaise qualité de ces eaux."*

L'un des premiers tours de passe-passe des apôtres de la Démarche Qualité a été de faire disparaître les adjectifs qui l'accompagnaient. Il n'y a plus de bonne ou de mauvaise qualité. La Qualité avec un grand Q est TOUJOURS bonne.

Les manipulateurs savent que nous pensons avec des mots. C'est pour cela que vous acceptez d'habiter en face d'un *Centre de valorisation des déchets ménagers* alors que vous refuseriez de vivre à côté d'une *Usine d'incinération d'ordures*. La Qualité est un mot formidable : on peut à la rigueur mettre en doute l'efficacité d'une *Démarche d'amélioration des pratiques*, mais celui qui oserait se dresser contre la *Démarche Qualité* passerait pour un idiot ou un saboteur. La Qualité s'est donc auto-protégée de toute critique en exprimant une valeur positive quasiment inattaquable. Cette manipulation a été popularisée par George Orwell sous le nom de "novlangue" dans son célèbre roman *1984*.

L'une des traces les plus anciennes de la démarche Qualité figure dans le code du roi de Babylone, vers 1750 avant JC :

> *"Si un entrepreneur construit une maison qui s'écroule sur son propriétaire, il sera exécuté."*

Les Phéniciens avaient édicté des lois tout aussi motivantes pour inciter les artisans à soigner leur production :

"La main d'un homme qui a fabriqué à plusieurs reprises des objets non conformes à la qualité attendue sera coupée"

Ce contrôle Qualité antique était fondé sur l'appréciation des caractéristiques du produit livré au client. Cette évaluation portant exclusivement sur le résultat a évolué tout récemment avec l'introduction de critères supplémentaires :

Les *bonnes pratiques de fabrication* : si le produit a été conçu en suivant des règles et des procédures prédéterminées, il est présumé de bonne qualité.

La *sécurité* : la Qualité s'intéresse également aux risques générés par la production ou l'utilisation du produit.

Si la Démarche Qualité a connu des succès indéniables en milieu industriel, des difficultés sont apparues lorsqu'il a été question de l'appliquer aux services. Faute de pouvoir évaluer facilement le produit fini, c'est à dire le service lui-même, la Qualité s'est alors centrée sur le respect des procédures et des indicateurs quantitatifs.

La Qualité désignait initialement l'ensemble des caractéristiques d'un produit fini. Elle concerne désormais les modes d'organisation censés rendre un produit ou un service conformes à une norme de fabrication ou à un standard. Ce changement de sens est loin d'être anodin.

Nous allons voir que l'évaluation du travail fondée sur le respect des procédures et le suivi d'indicateurs chiffrés peut être responsable de drames sociaux, humains et économiques considérables[1]. En migrant de la production industrielle vers les

---

1   Voir la bibliographie commentée en fin d'ouvrage.

services, qui constituent l'activité professionnelle majoritaire dans les pays occidentaux, la Qualité peut déraper et devenir un outil normatif et sclérosant ; elle tue alors l'initiative, aliène l'individu et se transforme en une arme de domination et d'assujettissement. Sa fonction principale n'est plus d'améliorer la production, mais de maintenir le pouvoir de la chaîne de commandement sur les employés. Face à un contrôle Qualité qui s'intéresse plus aux méthodes de travail et à des indicateurs contestables qu'au service réellement fourni, l'agent qualifié et efficace ne peut plus arguer de sa compétence ni de la qualité de son travail pour résister aux injonctions de son encadrement, y compris quand elles sont absurdes.

Cette dérive de la Qualité est en train de détruire une grande partie de la production de services : santé, police, transports, administration, assurance, banque. Nous allons étudier ensemble comment et pourquoi cette aberration a pu se répandre aussi facilement. En fait, elle n'est aberrante qu'en apparence. Pour ceux qui sont en quête de pouvoir et de domination, la Qualité est l'outil parfait.

Mais comment en sommes-nous arrivés là ?

Chapitre II

Les pères de la Qualité moderne : de Taylor à Deming

Depuis des millénaires et jusqu'à la révolution industrielle, l'appréciation de la qualité du travail reposait sur deux critères très simples : la compétence reconnue de l'artisan à qui le travail était confié, et l'évaluation du produit fini lors de sa livraison. Cette approche de la qualité du travail et des produits a connu son apogée avec les corporations, qui ont été abolies par la Loi Le Chapelier en 1791. Auraient-elles survécu à la Révolution française que les corporations auraient sans doute mal résisté à la révolution industrielle : l'essentiel de la production courante s'est progressivement déplacé dans les usines, désertant les ateliers des maîtres et de leurs employés compagnons.

Les sites de production ont connu une mutation brutale au 19e siècle, née avec la machine à vapeur, les nouveaux métiers à tisser, les progrès de la sidérurgie et l'amélioration des transports. Le recrutement massif de paysans pour faire tourner ces usines n'a pas toujours permis de les former correctement à leurs nouveaux métiers. La qualité de la production s'en est ressentie.

Les choses sont restées en l'état pendant quelques dizaines d'années, jusqu'à la naissance de l'*Organisation scientifique du travail*, inventée par Frederick Winslow Taylor.

Taylor naît en 1856 dans une famille aisée de la côte Est des États-Unis. Bon élève et ambitieux, il entre à Harvard en 1874 pour démarrer des études d'ingénieur, mais doit quitter l'université cette même année. Les raisons de cet échec ne sont pas claires. Il avait fait preuve dès l'enfance d'une personnalité obsessionnelle, comptant notamment ses pas pour optimiser ses déplacements. Taylor entre alors comme manœuvre dans une aciérie, où son application et sa productivité lui permettront de devenir rapidement contremaître. Il reprend alors des études d'ingénieur et devient, six ans après son embauche initiale, ingénieur en chef de la société. L'histoire ne dit pas si cette ascension rapide lui a valu des tensions avec ses collègues ouvriers, mais son obsession sera de faire cesser ce qu'il appelle des "flâneries" et de rationaliser les méthodes de travail.

L'irritation de Taylor face à l'organisation médiocre du travail repose sur des réalités : les ouvriers et les contremaîtres travaillent à leur propre rythme et avec leurs méthodes. La productivité n'est pas la première préoccupation de ces salariés et il existe des problèmes de coordination entre les différentes opérations industrielles.

Taylor se lance alors dans ce qu'il appellera l'*Organisation scientifique du travail,* qui repose sur des fondements beaucoup plus révolutionnaires que ceux de la mutation industrielle elle-même.

1) L'ouvrier, et parfois le contremaître, sont dépossédés de la gestion des méthodes de production. Ils ne doivent pas penser par eux-mêmes, mais agir en fonction de méthodes élaborées par les ingénieurs.

2) Le travail doit être découpé en tâches unitaires afin que chacune d'entre elles puisse être optimisée et coordonnée avec la précédente et la suivante.

3) Le salaire doit être très motivant : Taylor modifie la rémunération "à la pièce" pour introduire une progressivité qui pousse
l'ouvrier à dépasser ses limites[2].

Ces idées rassemblées sous le nom de *taylorisme*, associées au
travail à la chaîne et à la spécialisation des ouvriers par tâche,
mèneront au Fordisme, caricaturé par Charlie Chaplin dans son
célèbre film *les Temps modernes*.

Le taylorisme permet une augmentation de la production, mais ses
conséquences humaines se révèlent désastreuses et mènent parfois
à des révoltes ou à des baisses secondaires de productivité. Les
ouvriers qui travaillaient jusqu'alors dans une ambiance d'entraide
et de camaraderie deviennent égoïstes sous l'effet de la
rémunération individualisée. Mais surtout, **la perte par les agents
de production de la maîtrise de leurs méthodes de travail,
ramène à une situation qui n'avait existé auparavant que dans
certaines formes d'esclavage.** Une forte tension entre Taylor et
les syndicats ouvriers va apparaître. Taylor a transformé les agents
de production en opérateurs techniques interdits d'initiative. Il a
fait le lit d'une Qualité qui transforme les humains en machines et
nie ce qui fait d'eux des homo sapiens. La Qualité procédurale était
née.

---

2 Plutôt que de fixer un nombre de pièces à produire par heure, ou une
rémunération liée exclusivement au nombre de pièces produites, Taylor
augmente la rémunération par pièce à partir de certains seuils. Par exemple, si
la productivité moyenne antérieure par ouvrier était de 100 pièces payées
0,10$, les 100 premières pièces sont désormais payées 0,08$, les 30 suivantes
0,10$ et les 30 suivantes 0,14$. L'ouvrier travaille plus pour tenter d'atteindre
les rémunérations supérieures, sa rémunération globale augmente et le gain de
productivité compense le surcoût pour l'employeur. Ce modèle gagnant-
gagnant (sur un plan financier) se révèle très efficace, mais aussi très toxique
pour les employés.

La Première Guerre mondiale viendra mettre un terme aux conflits entre les syndicats et Taylor, devenu consultant indépendant. Celui-ci meurt d'ailleurs en 1915. L'entre-deux-guerres sera marqué par la crise de 1929. Les ouvriers désœuvrés et affamés seront prêts à tout accepter pour trouver du travail. Cette crise donnera définitivement le pouvoir aux patrons qui pourront imposer leurs méthodes face à des syndicats affaiblis.

La deuxième ère de la Qualité naîtra au Japon après sa défaite de 1945. Un de ses principaux acteurs sera un Américain, adversaire du taylorisme et incompris dans son propre pays : William Edwards Deming.

La Deuxième Guerre mondiale avait confronté les États-Unis à un dilemme : les besoins en matière d'armes et de munitions étaient colossaux, mais de nombreux hommes étaient enrôlés sur les différents fronts. Ce sont donc des femmes qui furent affectées à la production de munitions. Malgré les méthodes tayloristes mises en œuvre, la production resta faible et certaines munitions étaient défectueuses.

Un jeune scientifique, W. Edwards Deming, propose alors d'appliquer à l'industrie d'armement des méthodes de gestion de la qualité fondées sur l'échantillonnage, qu'il avait mises en place avec succès dans l'agriculture. Les recommandations de Deming vont beaucoup plus loin qu'une simple optimisation technique de la production. Il défend une stratégie en rupture profonde avec le taylorisme :

- Taylor prône la mise en concurrence des ouvriers pour améliorer la productivité ; Deming recommande la coopération.

- Taylor considère que la connaissance est l'apanage des ingé- nieurs ; Deming défend l'idée qu'elle doit être l'affaire de tous.

- Taylor gère les hommes par la contrainte et la peur ; Deming veut rendre à l'ouvrier sa fierté et lui éviter l'excès de stress.

- Taylor prône un découpage des tâches et la spécialisation des équipes ; Deming propose de faciliter les collaborations transversales.

Par ailleurs, Deming recommande de créer des relations de confiance avec les sous-traitants comme avec les ouvriers, plutôt que de chercher systématiquement à abaisser les coûts. Mais la principale révolution que prône Deming, celle qui va l'empêcher d'être écouté aux États-Unis, est cette recommandation inacceptable pour le patronat : **"La direction doit être au service de l'outil de production, et non le contraire"**. Si cette affirmation paraît évidente sur un plan purement rationnel, elle va à l'encontre de notre organisation sociale traditionnelle, fondée sur une pyramide de pouvoirs, chaque niveau inférieur étant soumis aux niveaux supérieurs. L'accueil de cette stratégie par les dirigeants américains de l'industrie de l'armement est donc glacial. La culture américaine valorise la compétition, y compris interpersonnelle. Deming est considéré comme un dangereux révolutionnaire qui entend priver les patrons de leurs pouvoirs, acquis légitimement grâce à leurs qualités et à leur travail. Il a beau présenter son programme comme une forme de démocratie industrielle, l'argument ne convainc pas un encadrement qui fonctionne sur un mode quasi féodal : le PDG (le suzerain) nomme ses directeurs (ses vassaux) qui ont tout pouvoir sur les employés (les serfs).

Les quelques tentatives d'application de ce management atypique dans les usines d'armement échouent, essentiellement du fait de la résistance de l'encadrement. Peu de temps après, le Japon ayant capitulé, Deming part en mission à Tokyo, où il va rencontrer son destin. Les Japonais sont confrontés au défi de reconstruire leur industrie. Ils ont entendu parler des travaux de Deming et demandent à le rencontrer.

Si la société japonaise est très hiérarchisée, les Japonais sont peu individualistes : les groupes auxquels ils appartiennent constituent pour eux une sorte de famille. Pour un Japonais, il est très important d'agir pour sa famille autant que pour soi-même. Tout comportement individualiste ou égoïste est très mal vu et peut provoquer un rejet par le groupe. Le taylorisme fonctionne mal dans ce contexte. En revanche, l'approche sociale du travail de Deming semble construite sur mesure pour cette culture coopérative qui tempère les instincts individuels de domination et de prédation. Deming va donc se consacrer au redressement de l'industrie japonaise, avec le succès que l'on sait.

Avec Deming, les employés deviennent des gestionnaires de machines, rôle bien plus enrichissant que la répétition d'actions stéréotypées issues du taylorisme. Ces employés qui pilotent ou surveillent les robots discutent avec les ingénieurs au sein de Cercles de Qualité pour résoudre les problèmes ou suggérer des innovations. Ils retrouvent des fonctions dignes d'homo sapiens : inventer, créer, s'adapter. Dans sa forme la plus connue, le *toyotisme*[3], la gestion de la Qualité japonaise s'appuie en grande partie sur les agents de terrain. C'est grâce à leur implication dans toutes les étapes de la production que la qualité des produits et la productivité augmentent conjointement ; cette implication est obtenue grâce à la reconnaissance de leurs apports par leur

---

3 Le toyotisme est le nom du système de gestion de l'entreprise automobile Toyota. Il est fondé sur l'esprit d'équipe se traduisant par une implication de tous les salariés dans des Cercles Qualité, par une amélioration continue des méthodes de production, et par la réduction des stocks au minimum nécessaire.

hiérarchie, obsédée par l'amélioration de la production plus que par l'habituelle quête de pouvoir.

En 20 ans, les produits techniques japonais vont passer du statut de "camelote asiatique" à celui de produits de haute technologie dont la qualité est réputée dans le monde entier. Deming devient une véritable icône au Japon, décoré des plus hautes distinctions, pendant que ses compatriotes continuent d'ignorer son existence. Tout bascule en 1980 lorsqu'une célèbre journaliste américaine l'invite dans son émission télévisée. Le public découvre, ébahi, que c'est un compatriote quasiment inconnu qui a permis aux Japonais de rattraper leur retard technologique sur les USA.

Cette Qualité révisée par Deming, mise au service de la production industrielle nous permet de disposer depuis les années 80 d'appareils électroniques ou de voitures qui tombent rarement en panne malgré des prix en baisse constante. Malheureusement, la mise en œuvre autoritaire de la Qualité dans les services, l'administration ou l'industrie non robotisable va trahir les valeurs fondamentales posées par Deming et ses disciples, revenir au taylorisme, et aboutir au désastre que nous vivons actuellement.

Chapitre III

La Qualité appliquée aux services et à l'Administration

Ce chapitre commence par une anecdote qui illustre les travers de la Qualité procédurale lorsqu'elle concerne le travail humain. Elle date d'une vingtaine d'années et les noms ont été changés.

Un agent commercial en déplacement dialogue par écrit avec le service d'étage de son hôtel. Le téléphone cellulaire n'existe pas encore.

Chère femme de chambre,

Je vous prie de ne plus déposer les petites savonnettes Camay de l'hôtel dans ma salle de bains, car j'ai apporté mon propre savon Palmolive.

Pourriez-vous enlever les six savonnettes qui sont sur l'étagère et les trois qui sont sur le porte-savon ? Elles encombrent la salle de bains.

Merci. Paul Varmus

Chère chambre 635,

Je ne suis pas votre femme de chambre habituelle. Elle sera de retour demain jeudi, après son jour de congé. J'ai enlevé les trois savonnettes du porte-savon, comme vous l'avez demandé. J'ai enlevé les six savonnettes de l'étagère pour qu'elles ne vous gênent plus, et je les ai mises sur le distributeur de Kleenex, au cas où vous changeriez d'avis.

Il ne reste que les trois savonnettes que j'ai déposées aujourd'hui, car notre procédure Qualité impose que nous fournissions à nos clients trois savonnettes neuves par jour. J'espère que cela vous conviendra.

Emma, femme de chambre volante.

Chère femme de chambre (j'espère que vous êtes ma femme de chambre habituelle…), apparemment votre collègue Emma ne vous a rien dit au sujet de mon message concernant les savonnettes. En rentrant hier soir j'ai vu que vous aviez déposé trois petits Camay sur mon étagère. Je vais séjourner à l'hôtel pendant deux semaines et j'ai apporté mon Palmolive familial, je n'aurai donc pas besoin des six petits Camay qui sont sur l'étagère. Ces savonnettes m'encombrent quand je me rase ou me brosse les dents. Pourriez-vous les enlever ?

Avec mes remerciements. Paul Varmus

Cher Monsieur Varmus,

J'étais en congé mercredi, donc la femme de chambre volante a déposé les trois savonnettes prévues par notre procédure Qualité dans votre salle de bain. J'ai mis les six savonnettes qui vous encombraient sur l'étagère dans le porte-savon. Du coup, j'ai rangé votre Palmolive dans l'armoire à pharmacie. Je n'ai pas enlevé les trois savonnettes Camay de réserve que l'on met dans l'armoire de toilette pour chaque nouveau client, et pour lesquelles vous n'avez rien dit quand vous êtes arrivé lundi dernier.

Je reste à votre disposition.

Votre femme de chambre habituelle, Karine.

Cher Monsieur Varmus,

Le directeur adjoint, Monsieur Gersont, m'a dit ce matin que vous l'aviez appelé hier soir pour vous plaindre du service de votre femme de chambre. Je vous présente mes excuses, et vous annonce que j'ai placé une nouvelle femme de chambre à votre service. Je vous rappelle que notre chaîne est certifiée ISO 9001 et que la qualité de notre service est au cœur de nos préoccupations.

Si vous avez d'autres plaintes à l'avenir, veuillez me contacter au poste 2100 entre 9h et 16h Merci.

Paula Rodriguez, gouvernante du 6e étage.

Chère Madame Rodriguez,

Il m'est impossible de vous téléphoner, car je quitte l'hôtel à 7h45 pour me rendre au travail et ne rentre pas avant 17h30 ou 18h00. C'est pour cette raison que j'ai appelé M. Gersont hier soir. Je ne me suis pas plaint de ma femme de chambre, tout ce que je lui ai demandé, c'est de faire quelque chose à propos de ces savonnettes. La nouvelle femme de chambre a dû penser que je venais juste d'arriver, car elle a déposé trois nouvelles savonnettes dans mon armoire à pharmacie, en plus de sa livraison habituelle de trois sur l'étagère.

En cinq jours, j'ai accumulé 24 savonnettes. Pourquoi dois-je subir cette invasion de savonnettes ?

Merci de faire le nécessaire. Paul Varmus

Cher Monsieur Varmus,

Votre nouvelle femme de chambre, Laura, a reçu l'ordre de ne plus déposer de savonnettes dans votre chambre et d'enlever celles qui vous dérangent. Je suis désolée pour notre manque de réactivité.

Je reste à votre disposition (poste 2100 entre 9h00 et 16h00). Et je vous renouvelle nos excuses.

Paula Rodriguez, gouvernante du 6e étage.

Cher Monsieur Gersont,

Mon Palmolive familial a disparu. Toutes les savonnettes ont été enlevées, y compris donc mon propre savon. Je suis rentré tard hier soir et ai dû appeler Garçon d'étage pour qu'il m'apporte de quoi faire ma toilette, il m'a fourni quatre petits Dove, mais j'aimerais récupérer mon Palmolive car j'ai la peau fragile et c'est le seul que je supporte.

Paul Varmus

Cher Monsieur Varmus,

J'ai informé la gouvernante du 6e étage, Mme Paula Rodriguez, de votre problème de savon.

Je ne comprends pas pourquoi il n'y avait pas de savon dans votre chambre alors que notre Assurance Qualité impose à nos femmes de chambre de déposer trois savonnettes Camay à chaque fois qu'elles font une chambre. Votre problème devrait être immédiatement résolu. Avez-vous regardé dans l'armoire à pharmacie ?

Veuillez accepter nos excuses au nom de l'hôtel.

Robert Gersont, directeur adjoint

Madame Rodriguez,

Qui a déposé 54 saloperies de savonnettes Camay dans ma chambre ? J'ai trouvé 54 savonnettes neuves en rentrant hier soir.

Je ne veux pas de 54 Camay, je veux mon Palmolive. Est-ce-que vous réalisez que ma salle de bain contient 54 savonnettes ? Tout ce que je veux c'est mon propre savon. Rendez-moi mon Palmolive !

Paul Varmus

> Cher Monsieur Varmus,
>
> Vous vous êtes plaint d'avoir trop de savons alors je les ai fait enlever. Notre certification Qualité nous impose d'être à l'écoute des besoins de nos clients.
>
> Ensuite vous vous êtes plaint à M. Gersont parce que vous n'aviez plus de savon. J'ai alors remis en personne dans votre chambre les 24 Camay qui avaient été pris et les trois que vous êtes censé recevoir quotidiennement.
>
> Votre femme de chambre, Laura, ne savait pas que j'avais tout remis à sa place et a elle-même rapporté 24 Camay plus les trois quotidiens prévus par notre procédure Qualité.
>
> Je ne sais pas d'où vous sortez que l'hôtel fournit des savons Palmolive. J'ai réussi à trouver un Monsavon que j'ai laissé dans votre chambre.
>
> Paula Rodriguez, gouvernante du 6e étage.

Madame Rodriguez,

Juste un petit message pour vous fournir un inventaire récent de mon stock de savon.

À ce jour, je possède :

- Sur l'étagère de l'armoire à pharmacie : 18 Camay en 4 piles de 4 et 1 pile de 2.

- Sur le distributeur de mouchoirs : 14 Camay en 2 piles de 4 et 2 piles de 3.

- Sur la commode de la chambre : 1 pile de 3 Dove, 1 pile de 4 Monsavon, et 8 Camay en 2 piles de 4.

- Dans l'armoire à pharmacie : 14 Camay en 3 piles de 4 et 1 pile de 2.

- Dans le porte-savon : 6 Camay, très mous.

- À l'angle nord-est du lavabo : 1 Dove, à moitié utilisé.

- À l'angle nord-ouest du lavabo : 6 Camay en 3 piles de 2. Pouvez-vous demander à Karine de s'assurer que les piles soient nettement formées et bien époussetées ? Faites-lui également savoir que les piles de plus de 4 ont tendance à s'écrouler. Puis-je suggérer que le rebord de ma fenêtre, qui n'est toujours pas utilisé, formerait un excellent support pour les futurs dépôts de Camay ?

Une dernière chose : j'ai acheté un autre savon Palmolive familial, que je garde dans le coffre de ma chambre afin d'éviter tout futur malentendu.

Paul Varmus

Bien sûr, il existe un défaut de communication entre les différents intervenants qui explique en partie cet enchaînement tragi-comique. Mais la démarche Qualité mise en place dans l'hôtel est en grande partie responsable du problème.

Dans cet exemple caricatural, la démarche Qualité ne s'intéresse qu'au processus et non aux résultats. Elle s'appuie donc sur le respect de procédures prédéfinies et non sur la compétence de la femme de chambre qui est privée d'une partie de son libre arbitre. Malheureusement, hors des chaînes de production industrielles en série, l'imprévu n'est plus l'exception, mais la règle. Aucun recueil de procédures ne peut prétendre décrire toutes les situations possibles ; quand bien même cette collection de procédures existerait, leur abondance empêcherait leur mémorisation et donc leur mise en œuvre.

En imposant la mise en place de trois nouvelles savonnettes par jour, la procédure de l'hôtel méconnaît de nombreuses situations particulières, mais surtout, et c'est cela qui est grave, elle ne permet pas à la femme de chambre de décider elle-même que l'accumulation de savonnettes dans la chambre de M. Varmus justifie d'arrêter d'en déposer de nouvelles, voire que l'existence d'un savon personnel indique l'absence de besoin de savonnettes fournies par l'hôtel. La procédure nie à la femme de chambre la capacité de déterminer le nombre de savonnettes qu'elle doit placer dans chaque chambre. Cette négation de la compétence et de la faculté d'adaptation de l'employé constitue le déterminant principal des désastres liés à la Qualité procédurale. La bonne façon de rédiger la procédure Qualité serait "Veiller tous les jours à ce que chaque client dispose d'un nombre suffisant de savonnettes, serviettes et autres produits fournis par l'hôtel (liste jointe à la procédure)". Libellée ainsi, elle laisserait une part d'appréciation personnelle à la femme de chambre, reconnue comme une professionnelle capable d'analyser les différentes situations et de s'y adapter. Nous verrons plus loin pourquoi la reconnaissance de cette compétence est parfois inacceptable pour l'encadrement.

Un exemple récent et particulièrement dramatique illustre ces effets pervers d'une démarche Qualité qui encadre le travail par d'innombrables procédures et néglige la capacité de réflexion des agents de terrain. Il s'agit de l'accident ferroviaire de Brétigny sur

Orge survenu le 12 juillet 2013. Le déraillement d'un train lié au mauvais état de la voie est à l'origine de sept décès et de dizaines de blessures graves.

Les experts judiciaires ont eu des mots très durs pour la SNCF. Les citations de leur rapport se passent de commentaires :

«Le système d'aiguillage qui a cédé au passage du train Corail Paris-Limoges était dans un «état de délabrement jamais vu par ailleurs», avec «plus de 200 anomalies de divers degrés de criticité».

«Les prescriptions de maintenance de la SNCF, complexes, parfois difficiles à interpréter ou à appliquer par des hommes de terrain, n'ont pas été parfaitement respectées.(...) Les référentiels de maintenance sont volumineux, surabondants, parfois inadaptés voire contradictoires et donc contre-productifs».

«Il est nécessaire de faire appel au sens critique et au bon sens des agents de maintenance, qui en viennent à perdre toute capacité d'initiative ou de jugement en se retranchant derrière les référentiels, procédures et autres normes.»

«Le personnel SNCF chargé de la mise en œuvre de la maintenance des voies et appareils devrait être choisi, tout d'abord selon des critères de solide formation à la construction mécanique et de surcroît avoir reçu une formation spécialisée approfondie.»

Cette dernière recommandation remet en valeur la notion de compétence, à savoir la nécessaire synergie entre la formation théorique et la formation pratique, sur le terrain. Le responsable de l'unité de maintenance de la gare de Brétigny, qui avait réalisé lui-même la dernière tournée d'inspection huit jours avant l'accident, était un ingénieur débutant.

La Qualité dévoyée entretient l'idée que des procédures détaillées peuvent remplacer avantageusement la compétence et qu'elles permettent de confier des missions complexes à des agents inexpérimentés. C'est une croyance aussi fausse que dangereuse, notamment lorsque ces missions ont trait à la sécurité ; elle concerne aussi bien le manœuvre sans diplôme que l'ingénieur dont la solide formation reste borgne tant qu'elle n'a pas été complétée par une expérience de terrain. Cette négation de l'expérience acquise par l'individu à son poste conduit au principe d'interchangeabilité : tout le monde est remplaçable ou déplaçable, car seule la procédure possède de la valeur. La subjectivité, qui définit la spécificité du travail de chacun en tant qu'individu, est considérée comme valeur négligeable, c'est-à-dire que l'individu lui-même n'a pas d'autre valeur que son aptitude à suivre scrupu-leusement des règles préétablies.

La Qualité définie par Deming et qui a assuré le succès de l'industrie japonaise écarte les procédures élaborées par l'encadrement sur un modèle "top-down"[4]. Elle repose au contraire sur la coopération, les collaborations transversales, le respect, et la reconnaissance des apports de chacun dans la Qualité en tant qu'objectif partagé. Cette Qualité participative génère également des procédures, mais elles sont élaborées, acceptées et discutées par tous pour être améliorées en permanence. Ces procédures concernent une production industrielle en série qui se prête bien à la normalisation et qui cherche à réaliser un standard de production uniforme. La fabrication de médicaments par exemple, doit aboutir à des gélules et comprimés parfaitement identiques et contenant la

---

4 Dans un modèle top-down, les procédures sont élaborées au sommet de la hiérarchie (top) et imposées à la base (down). Ce mot est traduit en français par "approche descendante" que je trouve moins parlant.

même quantité de principe actif. Certaines tâches non industrielles, mais très stéréotypées comme l'entretien des moteurs d'avions ou certaines interventions chirurgicales, tirent bénéfice de procédures détaillées, qui s'apparentent plutôt à des *check-lists* permettant de vérifier que toutes les étapes importantes ont été effectuées.

Dans les sociétés occidentales, le secteur tertiaire représente la majorité de l'activité économique. Il s'agit essentiellement de services qui restent peu ou pas automatisables. Une partie du secteur secondaire, et notamment la construction, entre également dans la catégorie des tâches qui nécessitent un contrôle humain permanent. Si un modèle de moteur d'avion comporte toujours les mêmes pièces et le même plan, il existe des centaines de façon de rénover un immeuble ancien, et les usagers des services publics ou privés ont tous des besoins ou des comportements différents. La Qualité fondée sur des procédures s'applique donc mal à ces environnements changeants. Cette situation est bien résumée par Christophe Dejours, spécialiste de la souffrance au travail : "Le réel se fait connaître au sujet par sa résistance aux procédures, aux savoir-faire, à la technique, à la connaissance, c'est-à-dire par la mise en échec de la maîtrise".

Pourtant, c'est bien la Qualité procédurale qui se répand désormais partout, dans l'entreprise comme dans l'Administration. À l'inverse de ses déclarations d'intention, cette Qualité dirigiste transforme les employés en simples exécutants et traque les écarts à la norme. Les procédures détaillées conservent un intérêt pour la réalisation de tâches simples réalisées par des agents sans compétence particulière, ou pour certaines tâches stéréotypées et à hauts risques réalisées par des agents expérimentés (maintenance de moteur d'avion, lavage des mains et habillage stérile avant une intervention chirurgicale). La production industrielle, notamment médicamenteuse ou alimentaire, nécessite un haut niveau de sécurité qui justifie aussi l'existence de procédures de bonnes pratiques de fabrication ou de contrôle.

En revanche, la Qualité procédurale est mise en échec face aux situations variées ou imprévisibles comme les services à la personne, l'éducation, le commerce, la police, la distribution du courrier, l'inspection des voies de chemin de fer, les réparations (hors maintenance), la médecine ou l'administration. Dans ces situations, comme le font remarquer les experts de la catastrophe de Brétigny, la meilleure qualité de service est assurée par un agent qualifié et expérimenté, soumis à un nombre limité de procédures et qui n'a pas peur de se fier à son propre jugement ou de prendre des initiatives.

Avant d'aller plus loin dans la description et l'analyse des désastres liés aux errances de la Qualité, je voudrais vous parler de deux exemples occidentaux de réussite de la Qualité, telle que Deming l'avait décrite et enseignée aux Japonais. La démarche Qualité n'est pas mauvaise en elle-même ; c'est lorsque ses principes sont dévoyés qu'elle devient toxique. Il existe des structures dans lesquelles une démarche Qualité intelligente, coopérative et adaptative fait merveille.

Chapitre IV

Quand la Qualité fonctionne : les hôpitaux magnétiques et l'entreprise FAVI

Les hôpitaux magnétiques

Il y a une vingtaine d'années, des sociologues américains se sont penchés sur un phénomène étonnant. Il existe des hôpitaux qui attirent les infirmières comme des aimants attirent le métal : une fois embauchées, celles-ci ne veulent plus les quitter et ne partent qu'à l'âge de la retraite. Ils ont appelé ces établissements des *hôpitaux magnétiques*.

En étudiant ces hôpitaux particuliers, ils ont constaté que la rémunération des infirmières n'était pas un critère majeur pour les retenir. En fait, ce qui sortait le plus souvent de la bouche des infirmières interrogées était, sans surprise : *"J'aime bien travailler ici"*. Cette ambiance de travail attractive était très souvent associée à une forte satisfaction des patients et à une excellente réputation de l'établissement.

Quels pouvaient bien être les déterminants de ce plaisir à travailler, conjugué à une haute qualité des soins ? La synthèse des nombreuses études sociologiques réalisées sur les hôpitaux magnétiques a fait émerger les conditions essentielles de ce magnétisme hospitalier :

1) **L'autonomie professionnelle.** Dans les hôpitaux magnétiques, les infirmières gèrent leurs méthodes de travail au sein de leur unité et ne se voient pas imposer de modèles standardisés. Elles sont autorisées à innover dans le cadre souple d'un système de valeurs et non de règles figées.

2) Le **support et les conditions de travail**. L'administration fournit des outils qui fonctionnent, de bonnes conditions de sécurité, une crèche intégrée, et un accès facile à la direction et aux informations. Les effectifs sont suffisants pour faire le travail et les collègues absentes sont remplacées.

3) Une **collaboration** harmonieuse avec les médecins plutôt qu'une subordination. Les différents corps de métier se respectent, coopèrent, et ne tentent pas d'établir des rapports de pouvoir.

4) Un **respect et une reconnaissance de compétence**. Les infirmières sont considérées comme des professionnelles hautement qualifiées. L'hôpital se passe de consultants et c'est à elles qu'il confie la réflexion sur les pistes d'amélioration des soins. Les infirmières sont associées à l'enseignement dispensé par l'établissement si celui-ci est universitaire.

5) Des **relations interpersonnelles positives**. Les infirmières vivent l'équipe comme une famille. Les liens affectifs s'associent aux collaborations professionnelles. Chacune sait qu'elle peut compter sur les autres, mais aussi que les autres comptent sur elle. Cette cohésion est décrite comme le moteur majeur de la qualité de leur travail et de leur investissement professionnel. Les infirmières des hôpitaux magnétiques sont tout simplement heureuses de faire du bon travail ensemble. Cette notion est très importante, car elle démontre que l'autonomie n'est pas forcément synonyme de paresse et de baisse de productivité chez des professionnels hautement qualifiés. Par ailleurs, le management n'utilise pas d'évaluation individuelle des infirmières, qui ne sont donc pas en rivalité entre elles.

6) Une **attention particulière pour le patient**. Libérée des préoccupations habituelles concernant le travail (manque de moyens, tensions interpersonnelles, procédures inadaptées), l'infirmière peut se consacrer totalement à son travail qui est

d'apporter les meilleurs soins aux patients. Plus elle aime ce qu'elle fait, mieux elle travaille. La qualité est présente et souhaitée par toutes, non pas sous l'effet d'une contrainte, mais parce que les infirmières rendent à l'établissement et aux patients ce qu'elles reçoivent : *"Vous me traitez bien, vous me respectez, vous êtes attentif à mes besoins, je ne peux pas vous décevoir ni décevoir les patients"*.

J'ai trouvé cette analyse lumineuse et évidente. Elle différait tant de la gestion actuelle de la majorité des hôpitaux publics français que j'en ai été à la fois révolté et profondément ému : des scientifiques avaient prouvé qu'il y avait d'autres voies que le taylorisme pour gérer un hôpital. La constance de ces observations sur de longues périodes, l'identité des mécanismes observés dans les différents hôpitaux magnétiques, tout concourait à balayer les critiques potentielles et les procès en utopie. Ces hôpitaux existent, fonctionnent ainsi depuis des années, et prouvent que Deming avait raison contre Taylor : replacer l'humain au centre de la qualité du travail, faire circuler la connaissance, reconnaître la compétence, mettre l'administration au service de la production et non le contraire ; tout cela fonctionne parfaitement à l'hôpital et ne coûte pas plus cher. En revanche, il s'est avéré difficile de créer des hôpitaux magnétiques à partir de rien, car cette dynamique de groupe est longue à émerger et ne se décrète pas. Elle nécessite un système de valeurs collaboratives partagées par le personnel et surtout par l'administration de l'hôpital, ce qui est beaucoup plus difficile. Souvenez-vous de l'échec de Deming face aux cadres américains qui refusaient de se mettre au service de la production.

Les hôpitaux magnétiques fonctionnent dans l'environnement très féminisé que représentent les soins infirmiers hospitaliers, mais peut-il exister un tel esprit d'équipe ailleurs ? La réponse est oui : Jean-François Zobrist a montré qu'une usine métallurgique fonctionnant avec une majorité d'hommes peut être tout aussi magnétique.

Le système FAVI

L'entreprise FAVI fabrique des pièces métalliques destinées à l'industrie automobile. Elle démontre l'efficacité d'une organisation qui bannit le taylorisme. Toute l'aventure de cette usine de 400 employés située dans le nord de la France repose essentiellement sur un homme, Jean-François Zobrist, et sa vision atypique du management.

Lorsque son propriétaire lui confie la direction de cette usine métallurgique, Zobrist applique des idées révolutionnaires pour l'époque (1980) : pas de primes individualisées, pas de pointeuse (qui fait perdre du temps), pas de service Qualité, pas de *reporting*, pas de cadres intermédiaires, pas de place de parking réservée au patron…

Les principes et idées qu'il met en œuvre sont simples :

- Les échelons hiérarchiques intermédiaires ne servent à rien et sont même nuisibles.

- L'administration centrale, réduite au minimum, doit constituer un support pour les équipes et non un "château".

- Un ouvrier heureux est un ouvrier qui travaille bien.

- Les contrôles coûtent souvent plus cher que les mauvais comportements qu'ils sont censés éviter.

- Les luttes de pouvoir constituent un cancer pour l'entreprise et doivent être réprimées.

- Les équipes de production doivent être en contact direct avec le client qui est l'interlocuteur le plus important pour chaque employé.

- Les innovations et améliorations doivent émerger des unités de production où chaque ouvrier est encouragé à émettre des suggestions.

Dans cette optique, Jean-François Zobrist a organisé <u>FAVI</u> en petites unités fonctionnelles autonomes, depuis les commandes jusqu'à la facturation. Chaque unité coopte un leader, qui n'est pas un directeur et qui n'est donc pas nommé par la direction générale.

Les primes annuelles, liées aux résultats, sont identiques pour tous les employés, y compris pour Jean-François Zobrist qui ne possède pas d'actions de la société qu'il dirige. Le plaisir de bien faire son travail dans de bonnes conditions, et une prime conséquente (égale pour tous) liée aux excellents résultats de l'entreprise suffisent à assurer la qualité de la production. Chacun se sent solidaire des autres et impliqué dans la recherche de la satisfaction du client qui garantit la pérennité de l'entreprise[5].

Comme les hôpitaux magnétiques, le système Zobrist ne peut être qualifié d'utopie, car il fonctionne et a permis à FAVI de dominer son marché au sein du secteur difficile des sous-traitants de l'industrie automobile. Quand on l'interroge sur sa résistance à la pression des constructeurs, Zobrist répond "Que voulez-vous qu'il m'arrive ? J'ai à la fois les meilleurs produits et les moins chers". L'entreprise a toujours été bénéficiaire et son chiffre d'affaires augmente tous les ans.

---

5   Ce type d'organisation porte parfois le nom d'hétérarchie : contrairement à la hiérarchie, le contrôle des comportements n'est pas pas assuré par des échelons hiérarchiques, mais par la totalité du groupe, par les autres. L'individu dont le comportement est nuisible est détecté et marginalisé par l'ensemble des membres du groupe. Certains intègrent l'hétérarchie dans l'anarchie, ce qui me paraît impropre, sauf à prendre l'anarchie dans un sens très large.

Les similitudes entre FAVI et les hôpitaux magnétiques sont nombreuses. Le principe d'équipes de taille limitée est très important, de même que l'autonomisation de ces équipes par rapport à leur tutelle hiérarchique. Pas de procédures imposées par une direction intermédiaire ou un service Qualité transversal. L'administration centrale est vécue comme un soutien, comme un partenaire fonctionnel, qui travaille aux côtés de l'ouvrier au service du client. Ce qui apparaît en revanche plus nettement dans le système Zobrist, c'est l'importance du patron, de la personnalité atypique qui permet à ce système d'exister[6]. En effet, sans volonté forte de la direction, une démarche Qualité efficace et intelligente ne peut ni s'installer, ni perdurer, car elle devient la victime des luttes de pouvoir. Cette volonté au sommet de l'entreprise est très rare, car elle suppose un abandon partiel du pouvoir et du contrôle qui l'accompagne, démarche inacceptable par l'immense majorité des hommes ou-des femmes ayant atteint un poste de direction générale. L'ambition (qui mène au pouvoir) est presque toujours associée à un fort instinct de domination.

---

6 L'entreprise CHRONO Flex a décidé en 2012 de mettre en œuvre les principes managériaux de Jean-François Zobrist. La mutation est trop récente pour pouvoir être évaluée, mais elle repose elle aussi sur un dirigeant atypique : Alexandre Gérard. Le choc a été si violent pour les cadres privés de leur pouvoir hiérarchique qu'un accompagnement psychologique s'est révélé indispensable. Ces aspects sont développés dans le remarquable documentaire le Bonheur au travail de Martin Meissonnier.

Chapitre V

L'objectif plus ou moins conscient de la Qualité dévoyée : dominer, contrôler, soumettre

Il y a plus d'un siècle, Alexis de Tocqueville écrivait :

> *"Une administration omniprésente, qui s'occupe de tout et qui sait toujours mieux que les citoyens ce qui leur convient, étouffe leurs initiatives, diminue leur intérêt pour le bien public et engendre constamment par son agitation brouillonne les problèmes qu'elle devra finalement résoudre. Ne pouvant tout contrôler, elle s'acharne à développer des règlements, ajoutant la méfiance au contrôle et forçant tout le monde à l'irrégularité." (cité par Michel Crozier)*

Si l'effet délétère d'une administration tatillonne est connu depuis si longtemps, comment expliquer son succès ? Tout simplement par l'attirance irrésistible des dirigeants pour l'exercice de la domination sur leurs subordonnés. Un autre exemple tiré du monde de la santé démontrera cette triste réalité : le dirigeant "standard" préfère renchérir les coûts de production ou altérer la qualité du travail plutôt que de diminuer son pouvoir de contrôle sur ses subordonnés.

Cet exemple concerne l'évaluation des pratiques des médecins libéraux. Nous allons voir qu'une démarche Qualité efficace et intelligente mise en place à la fin des années 1990 a été sabordée car elle ne permettait pas aux tutelles sanitaires d'exercer un pouvoir suffisant sur les médecins évalués.

La démarche qualité appliquée aux médecins

Dès 1991, le législateur a souhaité introduire la démarche Qualité dans le monde médical, essentiellement sous forme d'accréditation pour les cliniques et hôpitaux, et d'évaluation des pratiques professionnelles pour les médecins. La démarche Qualité destinée aux médecins libéraux a été mise en place au début des années 2000.

Je me suis beaucoup intéressé à cette opération, au point de postuler à une mission de qualiticien et de suivre une formation spécifique assurée par la Haute Autorité de Santé[7]. La démarche proposée m'avait séduit car son principe général reposait sur l'absence de notation et de sanction. Les instigateurs de cette évaluation s'étaient solidement documentés et ils avaient constaté que les expériences étrangères d'évaluation traditionnelle n'avaient eu paradoxalement aucun effet positif

Les sociologues avaient montré que l'approche scolaire par contrôle des connaissances et notation aboutissait à des mécanismes de contournement ou de rejet, et surtout qu'elle n'améliorait pas la qualité des soins. En revanche, d'autres méthodes permettant au médecin de porter lui-même un regard critique sur ses habitudes de travail aboutissaient à une réelle amélioration de sa pratique médicale.

Le choix de la Haute Autorité de Santé s'est donc logiquement porté vers une auto-évaluation assistée, sans notation ni rapport d'évaluation quantitatif. Le travail du qualiticien consistait à accompagner un médecin dans une démarche d'auto-évaluation,

---

7   Qui portait à l'époque le nom d'ANAES, Agence Nationale d'Accréditation et d'Évaluation en Santé.

sans jamais le juger ni le noter. Le seul document établi par le qualiticien en fin de mission certifiait que son confrère s'était réellement impliqué dans son auto-évaluation. Le rapport transmis aux autorités de tutelle ne comportait donc que quelques lignes et aucune évaluation qualitative ; le contenu de l'auto-évaluation restait confidentiel.

La méthode était simple. Pendant un mois, le médecin engagé dans son auto-évaluation comparait son activité à des référentiels censés refléter les meilleures pratiques. Lors de la discussion avec le qualiticien, il tentait de comprendre et d'expliquer les différences entre sa façon de gérer telle ou telle situation rencontrée dans son exercice, et la pratique standard recommandée dans les référentiels. Souvent, il réalisait que la pratique recommandée aurait été plus judicieuse, mais dans d'autres cas, il justifiait une stratégie différente par une particularité du patient ou une situation atypique. M'étant moi-même plié à cette auto-évaluation assistée, j'ai été surpris par son impact très positif. Le simple fait de se contraindre à porter un regard critique sur sa pratique constitue un facteur d'amélioration étonnamment puissant. Il ne s'agit pas de viser à respecter le plus possible les *règles de l'art* médical, mais de s'interroger sur le bien-fondé de certains écarts et de détecter soi-même quelques mauvaises habitudes noyées dans la routine.

J'ai assisté de nombreux médecins dans cette démarche, avec toujours le même résultat : initialement inquiets d'être confrontés à celui qu'ils pensaient être un juge, ils se sont finalement déclarés enchantés par cette démarche et prêts à la conseiller à des confrères. Ils ont également été surpris par l'effet positif sur leur pratique de cette évaluation.

Cette évaluation des pratiques a fonctionné pendant quelques années. Elle coûtait 1000 euros par médecin. L'objectif initial était que chaque médecin se soumette à cette évaluation tous les cinq ans. Soit un coût de 200 euros par an. Cette somme est à mettre en perspective avec les dépenses annuelles remboursables induites par les prescriptions d'un médecin : en moyenne 200 000€. Pour 0,1% des dépenses, l'Assurance Maladie disposait d'un outil susceptible d'améliorer efficacement la qualité des soins et sans doute de s'autofinancer par une baisse des prescriptions inutiles ou inadaptées.

Cette approche a été progressivement élargie, dénaturée, puis abandonnée, au motif qu'elle était trop coûteuse. Ce n'était bien sûr pas la vraie raison. Ce système si pertinent et efficace souffrait d'un défaut rédhibitoire : il ne permettait pas aux tutelles d'exercer un contrôle individuel sur les médecins libéraux.

La suppression de cette démarche intelligente et utile a révélé la véritable motivation de la Qualité souhaitée par les autorités sanitaires : il ne s'agissait pas d'améliorer la santé publique, ni de diminuer les coûts de la santé, mais d'assujettir des médecins considérés comme trop libres.

La suite n'a fait que confirmer cette triste réalité avec la mise en place de la "rémunération à la performance", c'est-à-dire une prime individuelle calculée à partir d'objectifs chiffrés. Il s'agit désormais pour les médecins de respecter des objectifs de prescription de médicaments génériques, de suivi des maladies chroniques, de dépistage et de vaccination dictés par l'Assurance Maladie, afin de bénéficier d'une prime annuelle de plusieurs milliers d'euros. **L'Assurance Maladie a réussi la prouesse de réintroduire le taylorisme dans le système de santé français.** Ceux qui sont soumis à ces indicateurs (policiers, agents administratifs, enseignants) connaissent leurs effets pervers et savent qu'ils sont souvent inadaptés aux situations particulières rencontrées sur le terrain : cette politique du chiffre finit par désespérer ceux qui tentent de faire du bon travail. Les indicateurs étant faciles à manipuler, les bénéficiaires des primes les plus importantes sont loin d'être toujours les meilleurs agents[8]...

C'est exactement ce qui est en train de se passer dans notre système de santé. Cette prime supplante la réévaluation des honoraires médicaux et va tenir une place de plus en plus importante dans la rémunération des médecins libéraux. Elle donne à l'Assurance-Maladie le pouvoir d'imposer ses objectifs aux médecins, alors que son statut de payeur génère des conflits d'intérêt importants. Les études sociologiques montrent que cette rémunération à la performance aboutit au mieux à un effet nul sur la qualité des soins, et peut parfois la dégrader[9]. Donc, après avoir torpillé un système efficace et validé qui coûtait 200 euros par an, les tutelles sanitaires ont instauré un système inefficace dix à vingt fois plus coûteux[10].

Un rapport de l'Inspection Générale des Affaires Sociales (IGAS) avait pourtant décrit en 2008 le bilan très mitigé des expériences étrangères :

---

8 Dans le domaine de la santé, la facilité avec laquelle les indicateurs peuvent être manipulés est consternante : utiliser systématiquement les médicaments recommandés, même quand ils sont inappropriés ; déclarer de faux résultats (il n'existe aucun contrôle) ; mentir dans les comptes-rendus d'hospitalisation pour améliorer ses statistiques...

9 En effet, après quelques années, le médecin concentre ses efforts sur les indicateurs rémunérés et finit par oublier le patient pour se focaliser sur l'optimisation de sa prime. Cet effet pervers du taylorisme sanitaire émerge inéluctablement après quelques années de fonctionnement : l'humain s'adapte en permanence à son milieu !

10 En 2014, la prime moyenne par médecin était de 5000 euros. Aucune évaluation ne permet de penser que les coûts de santé ont diminué ou que la santé des patients s'est améliorée suite à la mise en place de cette rémunération à la performance, renommée depuis *rémunération sur objectifs de santé publique (ROSP)*.

> *"Le paiement à la performance ne doit pas être conçu comme une simple "récompense" pour inciter le médecin à adopter de meilleures pratiques ; meilleures pratiques qu'il n'adopterait pas spontanément par manque de motivation ou d'attention. Les motivations propres aux médecins (éthique, souci du patient...) sont certainement en elles-mêmes, dans la majorité des cas, suffisantes pour induire une pratique de qualité."*

Cette rémunération à la performance a d'ailleurs été abandonnée par la majorité des hôpitaux magnétiques.

Vous trouvez donc absurde cette obsession pour la politique du chiffre ? Vous avez tort. Malgré son effet inverse à celui recherché, il n'y a aucune incohérence dans cette rémunération à la performance, si vous l'analysez en tenant compte des instincts de domination des dirigeants sanitaires. Son but n'est pas d'améliorer la pratique des médecins, mais de les rendre soumis et obéissants.

Contrairement à l'administration des hôpitaux magnétiques qui se met au service des soignants, l'administration sanitaire française souhaite les utiliser pour renforcer son pouvoir. Cette prise de contrôle invoque le déficit de l'Assurance Maladie pour se justifier, or une source importante de l'inflation des coûts de santé depuis 20 ans est liée à l'administration du travail des soignants, à la faillite de la régulation (notamment des médicaments) et non aux soins eux-mêmes qui sont parmi les moins coûteux en Europe.

La Qualité (certification, accréditation) et les outils de gestion qui lui sont rattachés renchérissent les soins en créant des postes administratifs et en accaparant le temps disponible des soignants au détriment des patients.

Ce graphique américain est particulièrement parlant (données historiques non disponibles pour la France).

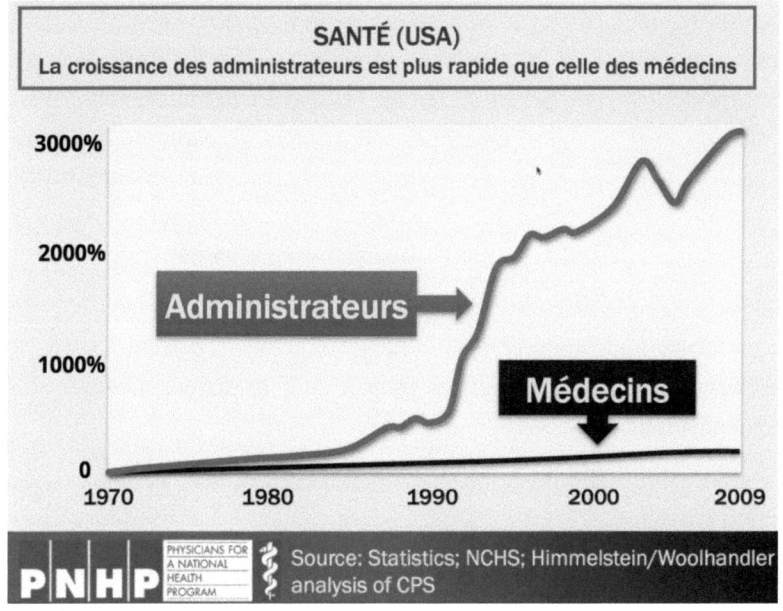

Une fable résume bien l'inflation des coûts induite par l'administration de la Qualité, celle des *Rameurs* :

Deux grandes entreprises, américaine et japonaise, décident de se confronter dans une course d'aviron, à la manière de celle qui oppose tous les ans Cambridge et Oxford depuis plus d'un siècle. Les deux équipes se sont durement entraînées et pensent être au sommet de leur forme. Le jour J, les Japonais gagnent avec 1 km d'avance.

Les Américains, démoralisés par cette cuisante défaite décident de travailler sur les raisons de leur échec. Ils engagent donc un cabinet de conseil pour analyser le problème et recommander des mesures correctives pour la revanche, l'année suivante.

Après un mois d'enquête, le rapport préliminaire des consultants est communiqué à la direction américaine : les bateaux japonais comportent 8 rameurs et 1 barreur. Les bateaux américains ont 3 rameurs et 5 barreurs. Quelques mois après, le cabinet de conseil conclut à la nécessité de réorganiser le bateau américain. La nouvelle équipe comprend désormais 2 barreurs seniors (1 avant et 1 arrière), 2 barreurs adjoints, 2 ingénieurs Qualité, 2 contrôleurs de rame, et 1 rameur.

Les consultants suggèrent par ailleurs un nouveau système d'évaluation des performances pour inciter le rameur à ramer plus efficacement.

Malgré cette réorganisation, les japonais remportent la course avec 2 km d'avance.

À nouveau humiliés, les managers américains prennent enfin la bonne décision : ils décident de renvoyer le rameur pour insuffisance de performance, de vendre le matériel et de s'en verser le produit sous forme d'une prime de fin de mission.

Le grand paradoxe de la Qualité devenue un outil de pouvoir, c'est qu'elle aggrave les difficultés qu'elle est censée aplanir, renchérit les coûts qu'elle prétend diminuer et dégrade la qualité de la production au lieu de l'améliorer. Son véritable objectif n'est donc pas de résoudre les problèmes ni de générer des économies. Un ancien haut fonctionnaire ayant occupé des postes majeurs au sein de notre système sanitaire m'a dit un jour sur un ton désabusé *Je n'ai jamais vu les ministres se préoccuper de santé publique. Seule leur carrière les intéresse.* Pour les tutelles sanitaires, la démarche Qualité est une simple stratégie de pouvoir, terriblement cohérente et efficace.

Bien que ces dirigeants se targuent d'agir pour le bien commun (et puissent parfois s'en auto-persuader), ils ne font que reproduire, à grande échelle, le comportement du primate dominant qui s'assure de la soumission des autres membres de sa horde ou de sa tribu. J'appelle cette Qualité dévoyée la *Qualité-domination*. Elle fait appel à nos instincts les plus profonds, les plus primitifs, inscrits dans les gènes des primates grégaires depuis des millions d'années.

Chapitre VI

Le cerveau humain est une machine à dominer

J'aborde avec ce chapitre la thèse principale de cet essai : nos pulsions de domination seraient au cœur des dysfonctionnements de la Qualité. Les errances procédurales et certaines politiques managériales d'apparence absurde deviennent cohérentes si vous réalisez, comme Henri Laborit, que le cerveau de beaucoup de nos congénères est une machine à dominer.

Nous sommes des mammifères grégaires, c'est à dire que nous vivons en groupes sociaux structurés. Notre organisation sociale et hiérarchique est fondée sur des rapports de domination et de soumission d'intensité variable, mais toujours présents et inscrits dans nos gènes[11]. La structure hiérarchique émerge spontanément dans tous les groupes humains, y compris chez ceux qui rejettent ou combattent les hiérarchies en place (adolescents, délinquants, rebelles, révolutionnaires...).

Il existe chez les primates (notre ordre au sein des mammifères) de nombreuses manières de dominer l'autre.

La plus évidente, la plus primitive, est celle du mâle qui accapare les ressources et les femelles en combattant ses rivaux. Mais la domination concerne aussi les femelles qui vont déployer une énergie considérable et des stratégies subtiles pour favoriser

---

11 Nos rapports avec les animaux domestiques sont également fondés sur la domination : le chien est un loup qui accepte facilement la domination de l'Homme car il est génétiquement programmé pour dominer ou se soumettre au sein de sa horde. En revanche, il est plus difficile de domestiquer le renard qui constitue plus rarement des groupes hiérarchisés dans son habitat naturel.

l'avenir de leur progéniture ou conserver leur position sociale. Chez nos proches cousins les singes, les stratégies de pouvoir sont particulièrement élaborées. Elles font appel à des ruses, des alliances ou des manipulations qui ressemblent beaucoup aux comportements humains.

Régulièrement, les chimpanzés mâles se confrontent pour tenter de progresser dans la hiérarchie du groupe. Les combats s'arrêtent lorsque le vaincu fuit le groupe ou se soumet, l'échine courbée, la tête penchée, le regard fixant le sol. Le vainqueur, au contraire, bombe le torse et toise les vaincus du regard, le menton pointé en avant. Entre ces périodes de confrontation, chacun tient sa place et son rang hiérarchique.

L'organisation hiérarchique et les combats pour le pouvoir chez les primates n'interdisent pas les comportements coopératifs.

L'altruisme est très présent, proportionnel au lien de parenté entre les individus. La coopération est une constante chez les grands singes, renforçant le pouvoir de ceux qui la pratiquent.

L'Homme a considérablement amplifié la complexité de ces stratégies, surtout au Néolithique. La quête du pouvoir est devenue plus élaborée, plus politique, et moins physique. L'humain est en perpétuelle quête de domination face aux groupes rivaux et aux autres espèces[12]. Nous sommes régulièrement en guerre, et nous avons asservi ou détruit un grand nombre d'espèces animales.

Cet instinct de domination ne se manifeste pas chez tous les humains avec la même intensité ni sur le même mode. Chez ceux

---

12 Les fondements de la domination et de ses implications sociétales constituaient l'ossature d'un autre ouvrage : D. Dupagne *La revanche du rameur, comment résister aux médecins, aux hiérarchies et à notre société.* Michel Lafon Paris 2011.

qui respectent les règles sociales (au moins en apparence), le goût du pouvoir est appelé ambition ; chez les autres, on parle de délinquance.

La coopération peut prendre plusieurs visages. La corruption est la forme la plus primitive, la plus efficace et la plus répandue de coopération entre dominants : *Je te fais bénéficier d'un peu de mon pouvoir en échange de ton aide ou de ton argent[13], et nous sommes tous les deux gagnants.* La corruption est difficile à extirper de nos comportements car elle est naturelle, spontanée, et universelle chez les dominants. Elle ne peut donc être combattue que par de puissants interdits culturels et légaux.

Il existe heureusement d'autres formes de coopération plus positives pour le groupe, soit informelles, soit structurées comme nous l'avons vu au sein des hôpitaux magnétiques. Quand Jean-François Zobrist optimise le fonctionnement de l'entreprise FAVI, il n'oublie pas qu'il est en compétition avec des sociétés concurrentes. La solidarité au sein d'une équipe sportive dans le but de gagner un championnat correspond à une pure stratégie de domination, mais sous une forme coopérative positive. Il est donc possible de se comporter en dominant en cherchant le bien du groupe, parfois au mépris de son propre intérêt. J'appelle ces dominants altruistes des *dominants sociaux*. Enfin, il existe bien sûr de nombreux individus peu motivés par l'exercice de la domination et qui cherchent avant tout à fonctionner en harmonie avec leurs semblables ; leur seule ambition est de faire du bon travail et ils sont essentiels au fonctionnement des groupes

---

13 L'argent peut se résumer à un outil de matérialisation du pouvoir. Il permet de stocker, de transmettre ou d'échanger la majorité des pouvoirs et des ressources : alimentation, séduction, protection, manipulation...

humains. Malheureusement, il est peu probable qu'ils soient choisis pour des postes de dirigeants.

De nombreuses études sociologiques[14] montrent que l'égoïsme et la malhonnêteté des individus augmentent proportionnellement à leur rang hiérarchique, social ou politique. Or les dirigeants sont généralement promus par d'autres dominants prédateurs ou groupes de dominants (politiques, membres de conseils d'administration). Au lieu de promouvoir les candidats les plus compétents, ces dominants portent leur choix sur ceux qui pourront leur rendre du pouvoir en retour, dans le cadre d'échanges réciproques de "bons procédés". C'est une des raisons du sexisme qui règne au sommet des hiérarchies : cette règle implicite est si naturelle chez les mâles dominants qu'elle n'a nul besoin d'être exprimée.

Il existe donc une sélection mutuelle des dominants prédateurs, qui choisissent ensuite des cadres intermédiaires à leur image. L'entreprise et l'administration du 21e siècle restent féodales, voire tribales et leur gouvernance ignore superbement les principes démocratiques qui régissent la vie publique.

L'instinct de domination n'est pas un problème en lui-même. Il faut simplement garder à l'esprit qu'il constitue l'un des principaux moteurs de nos comportements. Ceux qui négligent son influence, voire qui nient son existence, ne peuvent pas décoder correctement les dysfonctionnements sociaux. Au contraire, si vous observez la mise en œuvre de la Qualité en gardant en tête l'omniprésence des instincts de domination chez les cadres, les dirigeants et les contrôleurs de tout poil, elle vous paraîtra beaucoup moins

---

14 Cette série d'études sur le lien entre le niveau social et l'amoralité est fascinante : Piff, P. K., Stancato, D. M., Côté, S., Mendoza-Denton, R., & Keltner, D. (2012). Higher social class predicts increased unethical behavior. Proceedings of the National Academy of Sciences, 109(11), 4086-4091.

incohérente : la Qualité est devenue dans de nombreux cas une machine à dominer.

La Qualité procédurale, en niant la compétence en tant qu'élément principal de la qualité du travail, permet à un cadre ou un contrôleur de prendre l'ascendant sur des agents efficaces et expérimentés. C'est en fait son objectif principal, et masqué... La Qualité revenue au taylorisme donne à un encadrement éloigné de la production des outils pour s'imposer hiérarchiquement face à des subordonnés qualifiés qui revendiquent légitimement une forte autonomie. François Dupuy[15] fait remarquer à juste titre que cette instrumentalisation de la Qualité est surtout le fait des échelons hiérarchiques intermédiaires : les outils de communication numériques amenuisent l'intérêt des sous-directions ou des services transversaux, qui utilisent alors la démarche Qualité pour justifier leur existence.

Dans cet essai, je tente de démontrer que l'on nomme souvent *Démarche Qualité* quelque chose qui n'a rien a voir avec l'amélioration de la production et qui dissimule ses véritables objectifs. Christophe Dejours a démontré l'inanité de cet outil en faisant remarquer que l'application totale de cette Qualité procédurale porte le nom de *Grève du zèle* et qu'elle a pour effet de paralyser totalement la production[16].

L'un des effets pervers de cette *Qualité domination* est la défiance. Tel le chimpanzé dominant, le dirigeant pense avant tout à garder sa position hiérarchique et surveille ses rivaux.

---

15 Dupuy François, *La faillite de la pensée managériale*, Ed. du Seuil, Paris 2015
16 Dejours Christophe, l'Évaluation du travail à l'épreuve du réel, op. cit.

Le dominant/dirigeant va donc entretenir une défiance obsession-nelle vis-à-vis de tous ceux qu'il dirige, à l'image du dictateur et de sa police secrète. Cette défiance constante le conduit à intensifier les outils de contrôle et de surveillance.

Associée à la Qualité domination, la défiance a réhabilité le taylorisme en posant comme postulat l'incapacité des agents de production à travailler correctement sans être encadrés par des procédures détaillées.

Chapitre VII

La défiance

L'un des postulats fondateurs de la Qualité domination est qu'il ne peut y avoir de qualité sans démarche spécifique et sans encadrement étroit de la production. Les employés sont considérés de principe comme peu productifs, tricheurs, mal organisés, voire dangereux. La démarche Qualité ne peut prospérer que si elle promet une amélioration significative et continue de la production. Il faut donc décréter que les choses vont mal (ou qu'elles pourraient aller mieux) pour justifier les moyens humains et financiers qui lui sont attribués. La Qualité domination commence donc par affirmer qu'il est impossible de faire confiance aux employés pour faire spontanément du bon travail ou pour gérer eux-mêmes une démarche d'amélioration collaborative. Si une résistance est rencontrée, quelques études biaisées ou falsifiées[17] permettront de faire taire les contradicteurs. Les acteurs de la Qualité domination entretiennent donc d'emblée un climat de défiance, en phase avec l'angoisse des cadres vis-à-vis du maintien de leur position dominante. La défiance peut alors se généraliser à toute l'entreprise et devenir un principe de gestion.

L'inflation des ressources consacrées au contrôle du travail conduit au déséquilibre caricaturé dans la fable des rameurs : il n'y a plus grand monde pour ramer, tout le monde surveille, conseille, ou

---

17 Un exemple frappant est fourni par l'Assurance-maladie française et l'évaluation de son programme Sophia d'amélioration de prise en charge du diabète : http://www.atoute.org/n/article291.html

note le rameur, présumé incompétent. La défiance vis-à-vis de la seule force productive du bateau conduit celui-ci à sa perte.

La fable des rameurs est sans doute la plus belle illustration du désastre de la démarche Qualité dévoyée par l'inflation du contrôle.

Jean-François Zobrist avait pourtant érigé en principe chez FAVI que le coût du contrôle est supérieur au coût total des déviances qui pourraient survenir en son absence. De même, il n'y a quasiment aucun contrôle dans les hôpitaux magnétiques.

L'organisation des anciennes républiques soviétiques, connues pour leurs services de renseignement tentaculaires et leurs plans quinquennaux stérilisant l'initiative, a conduit au désastre économique et social que l'on sait. Je trouve saisissant que ce modèle soit désormais implanté dans des entreprises capitalistes cotées en bourse ou dans l'administration des grandes démocraties : la planification de l'action est élaborée par le comité de direction sans tenir compte de l'avis de la base. Les qualiticiens et contrôleurs ont tous les pouvoirs, notamment celui de veiller à ce que les agents ne prennent aucune initiative.

La défiance est partout, déguisée en Qualité, mot devenu aussi vide de sens que pouvait l'être *démocratique* pour l'ancienne Allemagne de l'Est.

Le monde de la santé apporte une forte contribution à cette soviétisation des services : le postulat de base, que personne ne s'est donné la peine de vérifier, est que les soignants pratiquent le gaspillage et sont mal organisés. Il y avait certainement du vrai dans ce constat, mais nous avons vu avec l'exemple des hôpitaux magnétiques que l'encadrement coercitif des soignants est une méthode qui n'a pas fait ses preuves. Depuis 30 ans, l'administration et l'encadrement des soins absorbent l'essentiel des créations de postes, tandis que les coûts globaux s'envolent. Pourtant, les sociologues des organisations multiplient depuis longtemps les enquêtes et les analyses qui montrent que le fonctionnement optimal d'un groupe au travail repose sur des éléments simples :

- La valeur d'une entreprise est indissociable des hommes et les femmes qui y travaillent. Au delà de la compétence de chaque individu, la qualité des relations qu'ils nouent entre eux crée une valeur considérable à défaut d'être mesurable. Ces hommes et ces femmes ne sont pas interchangeables comme des machines.

- La direction doit donner un cap, des objectifs, mais laisser ses équipes et ses employés chercher les meilleures méthodes pour les atteindre dans le respect des valeurs de l'entreprise. L'autonomie doit dépasser le stade des mots pour aboutir à une véritable culture de la subsidiarité[18].

- L'administration centrale et les services transversaux doivent constituer un soutien pour la production et non une contrainte ou une gêne. Leur rôle est d'aplanir les difficultés que rencontrent les agents et non d'en créer avec des procédures stérilisantes et souvent inadaptées.

- Les paliers hiérarchiques doivent être limités au strict nécessaire.

_____

18 La subsidiarité est un principe qui consiste à déléguer les prises de décisions au niveau organisationnel le plus bas disposant des éléments permettant de faire un choix éclairé. C'est un principe inscrit dans la Constitution européenne, qui prévoit par exemple qu'une décision qui ne concerne et n'a d'impact que sur un pays doit être prise par les représentants de ce pays. Dans l'entreprise, cela signifie qu'une direction n'a pas à imposer des outils ou des méthodes qui pourraient être choisis sans dommage par un niveau hiérarchique inférieur. C'est un principe majeur pour concrétiser l'autonomie dans le monde du travail.

- La direction doit déléguer au groupe le contrôle de chacun, de façon informelle. C'est le regard des collègues et la satisfaction de voir son travail reconnu par son équipe qui constituent le meilleur aiguillon de la qualité du travail. Spontanément, la grande majorité des employés qui vivent dans des groupes où les rivalités sont aplanies ont envie de faire du bon travail. La défiance érigée en principe est un frein à la qualité.

Si vous analysez attentivement ces différents items, vous constaterez qu'une direction efficace doit abandonner tous les attributs habituels du pouvoir et cultiver la confiance, après avoir fixé un cadre global et précisé les valeurs qui s'imposent à tous. Or, le mode de sélection des futurs dirigeants et des élites politiques est fondé sur la compétition et la quête de la position dominante. Dès la formation initiale, les classements et concours entretiennent la compétition individuelle au détriment de la coopération. Or, la défiance naît justement de la compétition. Il existe donc un vice fondamental dans notre système de sélection des élites managériales qui conduit à pourvoir les postes de direction avec des individus naturellement peu disposés à mettre en œuvre les principes indispensables au succès d'une entreprise. Cette nécessaire confiance est malheureusement remplacée par une défiance transmise à tous les niveaux hiérarchiques.

Une anecdote illustre les risques de la défiance : celle des photocopieurs et de la machine à café.

L'histoire se déroule au début des années 1980, au sein d'une grande entreprise qui commercialise des photocopieurs de bureau et assure leur entretien.

Dans le cadre d'une démarche Qualité naissante, cette société fait réaliser un audit par un célèbre cabinet de consultants. Un des éléments analysés et critiqués est le temps considérable passé par les techniciens autour de la machine à café. En effet, à leur arrivée, ceux-ci passent une heure à boire du café et fumer des cigarettes avant de partir en mission chez les clients pour entretenir ou réparer les machines. Les consultants recommandent de consacrer cette heure improductive aux clients et à des formations. Ils mettent par ailleurs en place des indicateurs Qualité et notamment un indicateur de satisfaction des clients.

Quelques semaines après le basculement vers cette nouvelle organisation, l'indicateur de satisfaction des clients commence à chuter dangereusement. L'entreprise est d'ailleurs submergée de plaintes de clients mécontents qui menacent de passer à la concurrence. La direction ne comprend rien, les consultants non plus. Ils proposent une nouvelle mission d'étude qui leur est sèchement refusée.

La direction de l'entreprise fait alors appel à des sociologues, qui, contrairement aux consultants précédents, commencent par interroger les techniciens et les observent dans leur environnement. Il leur suffit d'une semaine pour comprendre la raison de ce désastre : cette heure passée devant la machine à café constituait un forum d'échanges vital pour l'entreprise. Les techniciens discutaient entre eux des pannes rencontrées la veille et échangeaient les solutions qu'ils avaient trouvées pour les corriger. Ces discussions informelles permettaient la constitution d'une base de connaissances orale d'une grande valeur. Les techniciens s'échangeaient aussi des informations sur la personnalité des clients et sur la meilleure façon de les aborder, ou sur les horaires les plus adaptés pour intervenir sans perturber l'entreprise. Naturellement soucieux de faire du bon travail, ces agents qualifiés avaient mis en place une stratégie quasiment idéale pour optimiser leurs prestations. En détruisant cette Qualité informelle fondée sur un partage de la connaissance et des relations interpersonnelles positives, la stratégie de défiance vis-à-vis d'une perte de temps présumée avait failli couler l'entreprise.

Cette histoire est typique des effets négatifs de la défiance : la direction n'a pas fait confiance à ses employés. Si ces derniers avaient été impliqués dans l'audit Qualité, ils auraient pu signaler immédiatement l'importance de cette heure quotidienne d'échanges informels.

S'agissant d'une entreprise privée en danger, la solution corrective a été rapidement trouvée malgré l'humiliation qu'elle représentait : revenir à la situation antérieure. Dans l'administration en revanche, des situations identiques peuvent perdurer. Une administration ne peut pas faire faillite et il est souvent plus facile d'accuser les agents de terrain, en invoquant une résistance au changement ou une insuffisance de formation. Le désastre français de la fusion entre l'ANPE et les Assedic pour former Pôle Emploi en constitue un bon exemple. La Qualité-domination s'appuie souvent sur ses échecs pour justifier une fuite en avant et une intensification du désastre qu'elle a créé de toutes pièces. Les sommes englouties peuvent alors atteindre des sommets, comme ce fut le cas pour la tentative d'unification[19] des logiciels de paye des militaires (projet Louvois), qui a coûté 480 millions d'euros avant son abandon définitif fin 2013.

---

19 Ce besoin permanent d'unifier, d'harmoniser, est une grande constante de la Qualité-domination. Son intérêt est souvent hypothétique et ses difficultés sous-estimées. En fait, ce désir de réduire les différences et les îlots d'autonomie reflète beaucoup plus le désir de contrôle et de domination centralisée qu'un objectif de diminution des coûts ou de rationalisation. Il est intéressant de constater que le vivant qui nous entoure et qui a donc survécu aux cataclysmes que la Terre a connu, est fondé sur la diversité et non sur l'unicité.

L'absurdité des procédures suivies à la lettre malgré leur effet désastreux peut aller très loin. Un exemple remarquable est fourni par la vaccination contre la grippe A/H1N1 en 2009/2010. Cette vaccination très encadrée a concerné toute la population française et chacun a pu constater l'étendue du désastre. Cette visibilité est rare car la Qualité-domination est généralement habile à dissimuler ses échecs.

La vaccination contre la grippe A/H1N1 de 2009

Depuis plusieurs années, des spécialistes en maladies infectieuses redoutaient l'émergence chez l'homme d'une épidémie de grippe mutante issue des oiseaux, dite "grippe aviaire"[20]. Ils avaient en conséquence préparé un plan d'action comportant une vaccination de masse des populations qui aurait donc lieu dans un contexte de grande urgence. Une approche Qualité de cette vaccination avait conduit très rapidement ces planificateurs à postuler que les professionnels de santé de terrain seraient incapables de vacciner en temps utile soixante millions de Français. Cette conclusion ne reposait sur rien de solide et négligeait le dévouement extrême et constant des professions de santé lors des grandes catastrophes, des attentats ou des guerres passées. Mais nous avons déjà vu que l'affirmation de l'incapacité des agents de terrain à remplir leur mission est un pré-requis fondamental pour mettre en place la Qualité-domination, surtout quand ces agents sont diplômés et hautement qualifiés.

Lors de l'émergence de la grippe A/H1N1 en 2009, la stratégie gouvernementale a été calquée sur celle qui avait été prévue pour la grippe aviaire. Les autorités sanitaires ont décidé d'organiser

---

20 Plus précisément, d'une "grippe humaine d'origine aviaire", la grippe aviaire elle-même n'étant que peu ou pas transmissible à l'humain.

cette vaccination dans des gymnases, (qualifiés rapidement de *vaccinodromes*) et de réquisitionner des étudiants en médecine pour la pratiquer. Des procédures détaillées ont été écrites et mises en œuvre. Le découpage des tâches fut digne du taylorisme de la première heure, mais seuls quelques millions de Français ont été vaccinés, pour un coût colossal. Les sujets les plus à risque, à savoir les personnes handicapées ou âgées ne pouvant se déplacer, n'ont pas pu être vaccinés, car aucune équipe mobile n'avait été prévue. Par chance, et de façon imprévue, les personnes âgées se sont révélées immunisées contre ce virus, qui n'était pas si nouveau, et l'hécatombe redoutée n'a pas eu lieu.

Dès l'année suivante, la vaccination contre la grippe saisonnière par les professionnels de santé libéraux a repris sa routine, parvenant comme tous les ans à protéger les personnes fragiles sans coût additionnel significatif par rapport aux soins de base.

Il est particulièrement intéressant d'observer la chaîne de solidarité, de coopération, de "débrouille" qui entoure tous les ans cette vaccination de millions de personnes âgées ou handicapées par la maladie. Les médecins vaccinent les patients à l'occasion d'une consultation pour un autre motif, à leur cabinet ou à domicile. Les infirmières font de même ou organisent des tournées. Parfois, c'est le pharmacien ou le kinésithérapeute, voire un voisin, qui dépose le vaccin chez la personne isolée avant le passage du vaccinateur.

Tout cela se fait sans règles fixes, sans procédures, sans contrôles, sans coût important, alors que la vaccination contre la grippe A/H1N1 a coûté plusieurs centaines de millions d'euros. Cette activité coopérative spontanée fondée sur la compétence, la solidarité et l'adaptabilité, prouve tous les ans qu'elle fonctionne[21], en dehors de toute démarche Qualité. *A contrario*, la catastrophe fonctionnelle et financière de la vaccination organisée contre la grippe pandémique de 2009 démontre sans ambiguïté l'irrationalité des procédures mises en œuvre. Il est exceptionnel que l'absurdité et le surcoût de la Qualité-domination soient aussi clairement mis en évidence. Pourtant, ces promesses non tenues et ces désastres fonctionnels se retrouvent dans de nombreux domaines où une démarche Qualité du même type a été mise en place, mais leur effet est rarement aussi facile à lire.

Les ratés du programme de vaccination contre la grippe A/H1N1 en 2009 ne sont pas dus à la précipitation face à l'urgence : ce plan était prêt depuis plusieurs années. Ce fiasco est essentiellement dû aux instincts de domination plus ou moins conscients de ceux qui l'ont planifié. Le désir de disposer de la gestion exclusive du processus s'est ajouté à la défiance envers les hommes et des femmes constituant le tissu sanitaire français[22] Ces experts n'ont pas agi autrement que le grand singe dominant qui contrôle l'accès à la nourriture et aux femelles, et qui se méfie en permanence des autres mâles susceptibles de contester sa position hiérarchique.

Les promoteurs de la campagne de vaccination ont tenté a posteriori de justifier leurs choix par un désir de protection accélérée des populations, mais cette explication ne résiste pas à l'analyse. Elle ne reposait que sur des hypothèses, contredites encore récemment par l'efficacité des soignants face aux attentats du 13 novembre 2015, et sur une défiance injustifiée envers les

---

21 Mais pas qu'elle sauve des vies, ce qui est une tout autre histoire : http://www.atoute.org/n/article327.html.

22 Lire à ce sujet *La fabrique de la défiance*, Paris, Albin Michel, 2012.

professionnels de santé libéraux. En revanche, j'accepte volontiers l'idée que ce désir de maîtrise et de domination était inconscient.

Comme vous le savez, les responsables de ce désastre sanitaire et financier n'ont pas été sanctionnés. Cette impunité est courante face aux décisions dramatiques prises par les échelons administratifs les plus élevés, car il existe une sorte de solidarité parmi les dominants qui les pousse à se protéger mutuellement. Ils savent qu'ils auraient tous agi de la même façon et qu'ils risquent de reproduire les mêmes comportements. Sanctionner leurs pairs risquerait de les exposer à des sanctions équivalentes. Les loups ne se mangent pas entre eux.

Pour terminer ce chapitre sur une note humoristique, voici un extrait du projet de procédure Qualité pour la vaccination à domicile contre la grippe A/H1N1. Il ne s'agit pas d'une fable, tout est authentique. Notez l'analogie entre le premier paragraphe et la *fable des rameurs* :

Procédure MELIVAC vaccination à domicile V2 9/12/09

B) Modalités de vaccination par le médecin

L'*Équipe Mobile de Vaccination resserrée* (EMVr) est constituée du seul médecin généraliste qui intervient dans le cadre de la réquisition.

Il part de son cabinet médical avec sa trousse d'urgence. Il se rend dans le centre de vaccination de rattachement identifié. Il lui est remis :

- la pochette de documents qui comprend les notices d'information des vaccins, les fiches médicales individuelles (en fonction des personnes concernées, majeur, majeur sous tutelle, mineur), les certificats de vaccination et les bons édités. Le nombre d'exemplaires de documents correspond au nombre de vaccins et à la population identifiée.

- les vaccins nécessaires (reconstitués dans le centre pour le Pandemrix).

Le médecin couvre le bouchon du vaccin reconstitué avec un pansement adhésif dont la partie « compresse » sera imbibée d'alcool à 70%

- le matériel d'injection, incluant les plateaux à usage unique de préparation
- un flacon d'alcool
- un flacon de solution hydro-alcoolique
- une glacière
- un thermomètre
- une fiche de traçabilité de la chaîne du froid
- une plaque eutectique ou une bouteille d'eau (ne pas mettre en contact direct le vaccin avec la plaque eutectique si sortie du congélateur)
- une boite à déchets contaminés de 2 l.

Chez chaque patient, le médecin :
- renseigne la fiche médicale individuelle par entretien avec la personne concernée
- rédige la prescription sur la fiche médicale individuelle (nom du vaccin, dose, nombre d'injections, voie d'administration)
- remet la notice d'information sur le vaccin prescrit et répond aux questions de la personne
- recueille l'accord de la personne (ou le cas échéant du titulaire de l'autorité parentale ou du tuteur) sur la fiche médicale individuelle
- remplit le bon de vaccination et remet le cas échéant (si une seconde injection est nécessaire), la partie inférieure du bon à la personne vaccinée

- s'installe sur un support propre et respecte les règles d'hygiène des mains
- ouvre la glacière, vérifie et note la température sur la fiche de traçabilité de la chaîne du froid
- effectue l'injection
- recouvre, après chaque utilisation, le flacon de vaccin par un nouveau pansement adhésif alcoolisé
- remet le flacon du vaccin dans la glacière (en évitant le contact avec la plaque eutectique)
- informe la personne sur le schéma vaccinal et la période à laquelle aura lieu éventuellement la deuxième injection
- informe la personne des effets secondaires éventuels
- remet à la personne vaccinée le certificat de vaccination dûment rempli et la partie inférieure du bon en cas de deuxième injection.
En aucun cas il ne doit laisser ni aiguille, ni seringue, ni flacon chez le particulier.

Prise en charge des manifestations cliniques précoces : Appel au Centre 15 en fonction de l'évaluation clinique de la situation.

A l'issue de sa tournée, il ramène au centre de vaccination et remet au chef de centre :
- la partie supérieure du bon de vaccination (et la partie inférieure barrée en l'absence de deuxième injection),
- les fiches médicales individuelles complétées avec la prescription (nom du vaccin, dosage, nombre d'injections, voie d'injection) et le consentement des personnes vaccinées,
- la boîte à déchets contaminés, s'il ne souhaite pas la conserver
Il remet au coordonnateur de la chaîne de vaccination :
- le ou les flacons de vaccin vide(s) ou entamé(s),
- la glacière, la plaque eutectique et la fiche de traçabilité de la chaîne du froid complétée.

Voici donc ce qui était prévu, et qui n'a heureusement jamais été mis en place, car le temps nécessaire pour l'élaboration de cette procédure a permis à l'épidémie de se terminer et de faire la preuve de sa relative bénignité. Vous noterez qu'il n'est mentionné nulle part de refermer la glacière après l'avoir ouverte, et qu'il est prévu d'informer le patient sur les effets secondaires du vaccin après l'injection et non avant. Cette procédure Qualité n'est pas une caricature, elle correspond à un modèle assez courant. Elle prêterait à rire si ses conséquences fonctionnelles n'étaient pas si lourdes.

Chapitre VIII

Indicateurs : à force de mesurer, on finit par croire qu'on mesure quelque chose.

La démarche Qualité est fréquemment associée à la création d'indicateurs destinés à suivre son impact sur les pratiques et la production. Un indicateur est un nombre destiné à quantifier un élément quelconque du fonctionnement de l'entreprise ou de l'administration : nombre de tués sur la route pour la sécurité routière, nombre d'appels au service après-vente ou de retour en garantie pour une entreprise, nombre de dossiers gérés par jour pour une administration. L'indicateur est parfois constitué par l'agrégation de plusieurs données, mais dans tous les cas, l'indicateur permet de réaliser des graphiques, d'afficher des courbes et de comparer les résultats d'entreprises ou de services concurrents. Cette obsession des gestionnaires pour les indicateurs peut donc paraître logique, mais une analyse lucide montre que la transformation maladroite des réalités à composante humaine en données numériques est souvent trompeuse, voire dangereuse. Cette illusion avait été résumée avec humour par le philosophe François Dagognet : *"À force de mesurer, on finit par croire que l'on mesure quelque chose."* Albert Einstein avait eu cette jolie formule *"Ce qui peut être compté ne compte pas toujours, et ce qui compte ne peut pas toujours être compté."*

L'un des premiers à aborder le danger des indicateurs pour évaluer l'activité humaine fut Robert Lucas. Il expliqua dès 1970 pourquoi il était dangereux de se baser naïvement sur des statistiques passées pour prédire le comportement futur des agents économiques. En effet, les employés risquent de modifier leur comportement si l'une de leurs pratiques est utilisée dans un but de prévision ou d'évaluation, et l'indicateur qui en découle perdra donc sa validité. Prenons un exemple concret : les hôpitaux qui consomment des quantités importantes de solution antiseptique alcoolisée pour la désinfection des mains sont également les mieux classés en matière de lutte contre les infections nosocomiales. La consommation d'antiseptique est donc initialement un bon marqueur de la qualité des soins. En revanche, si cette consommation est transformée en indicateur Qualité, les hôpitaux risquent de modifier leur consommation d'antiseptique dans le seul but d'améliorer leur évaluation. Les flacons commandés en quantité peuvent aussi bien être vidés dans le lavabo en fin d'année ou servir à allumer les barbecues. Dans cette situation extrême, le lien initial entre la consommation de solution antiseptique et la qualité des soins a totalement disparu et la mise en place de l'indicateur a augmenté les coûts. Les agents ont bien modifié leur comportement face à l'indicateur qualité, mais pas dans le sens espéré...

L'Anglais Charles Goodhart a développé la critique de Lucas en 1976 pour énoncer la Loi qui porte son nom :

> *"Lorsqu'un indicateur est choisi pour guider une politique économique, il perd du même coup la valeur informative qui l'avait qualifié pour remplir cette fonction."*

J'aime beaucoup la simplicité et l'évidence de cet énoncé. Une autre formulation issue du monde universitaire sera peut-être plus explicite : "Quelle que soit la pertinence du sujet choisi pour un examen, il cesse de devenir utile pour valider le travail des étudiants si ceux-ci le connaissent à l'avance."

De nombreux scientifiques ont formulé des variantes de cette loi. Donald Campbell, sociologue américain, a introduit une notion de progressivité :

"Plus un indicateur quantitatif est utilisé pour prendre des décisions, plus il va être manipulé et plus son usage va aboutir à corrompre le processus qu'il était censé améliorer."

Il suffit d'avoir travaillé dans une entreprise ou une administration soumise à la politique du chiffre pour constater à quel point ces lois se vérifient quotidiennement[23].

Confrontés à ces arguments, les partisans des indicateurs arborent généralement un sourire condescendant et déclarent qu'ils sont contraints d'utiliser des indicateurs chiffrés car il n'existe pas d'autre solution pour évaluer la qualité des services.

Cette réponse est très intéressante, car elle contient deux aspects très critiquables.

Le premier concerne la nécessité d'évaluer ses subordonnés. Dans l'esprit des dirigeants, l'évaluation est obligatoirement hiérarchique, c'est-à-dire qu'elle consiste à recueillir des données permettant au supérieur-dominant d'exercer un contrôle sur les subordonnés-dominés. Cette démarche semble parfaitement naturelle, or elle ne l'est pas.

En premier lieu, elle néglige un élément fondamental qui est la capacité d'évaluation mutuelle des employés d'un même service. Personne ne peut mieux apprécier la qualité du travail d'un agent

---

23 Les seules exceptions concernent les indicateurs qui possèdent une double qualité assez rare : donner un vision globale de la qualité du travail (et non réduite à une fraction de celui-ci) et être peu manipulables par l'agent évalué. Il s'agit par exemple du chiffre d'affaires d'un agent commercial ; cette donnée traduit assez fidèlement l'exécution correcte de la mission confiée à cet agent. Reste néanmoins à vérifier qu'il n'emploie pas de méthodes malhonnêtes qui pourraient être délétères à terme pour l'image de la société. Le chiffre d'affaires n'est donc pas un indicateur totalement parfait.

que ses propres collègues. Le fonctionnement harmonieux des hôpitaux magnétiques ou de l'entreprise métallurgique FAVI est fondé sur une forme de contrôle mutuel et continu. Il ne s'agit pas d'un climat de suspicion et de dénonciation, mais d'un équilibre dynamique entre des salariés mus par un désir partagé de bien faire. Dans ce type d'organisation, une évaluation quantifiée qui met en compétition les agents ou les équipes est plus délétère que bénéfique.

L'autre aspect critiquable de cette évaluation chiffrée tient à son caractère. Imaginez des employés qui créeraient un indicateur pour mesurer la qualité de leur encadrement : ponctualité en réunion, respect des engagements, cohérence des décisions. Malgré le grand intérêt qu'aurait cette évaluation ascendante, elle est peu répandue[24]. Enfin, vous observerez que l'activité des directions générales est habituellement épargnée par ces indicateurs, en dehors du cours de l'action ou du montant du dividende bien sûr.

L'inefficacité et l'orientation particulière des indicateurs qualité démontrent que ces outils de gestion sont de purs outils de domination. S'ils ne donnaient pas de pouvoir aux cadres et aux qualiticiens, ces indicateurs dénués d'intérêt et toxiques pour l'entreprise auraient été abandonnés depuis longtemps. Mais nous sommes tellement habitués à être notés, depuis l'école, que cette évaluation quantitative continue à nous paraître justifiée et utile. D'ailleurs, quand nous sommes parents d'élèves, nous sommes très demandeurs de ces indicateurs chiffrés afin d'exercer un contrôle

---

24 En fait, ce type d'évaluation globale existe sous la dénomination "360". Mais ses résultats ne sont communiqués qu'au cadre ou au dirigeant qui en est l'objet. C'est une démarche très utile pour le cadre concerné, mais qui ne peut pas, du fait de sa confidentialité, être utilisée comme un outil de contrôle démocratique au sein de l'entreprise.

sur nos enfants, tout en étant peu disposés à accepter qu'ils fassent de même à notre égard...

La devise des qualiticiens férus d'indicateurs pourrait être :

> *"Évaluons, même si notre méthode est idiote et ne donne aucun résultat tangible, plutôt que de ne pas évaluer et risquer de démontrer que nous ne servons à rien[25]".*

Le monde de la santé fournit une très belle preuve de l'ambivalence des défenseurs de la Qualité face à leurs indicateurs. Lorsqu'un gestionnaire sanitaire est atteint d'une maladie grave, la logique voudrait qu'il consulte les nombreux indicateurs dont il dispose pour choisir le service hospitalier ou le médecin qui va le prendre en charge. Dans la réalité, ce chantre de la Qualité qui ne jure en public que par les chiffres, téléphone à quelques médecins pour leur demander leur avis et fait son choix à partir du faisceau d'informations subjectives recueillies. Cela signifie que lorsque son intérêt personnel est en jeu, le qualiticien ne croit plus aux indicateurs, mais à l'information contenue dans les réseaux inter-personnels, c'est-à-dire une information dont il refuse l'utilisation dans le cadre de la Qualité. De même que le cuisinier qui refuse de manger sa cuisine est suspect, le qualiticien qui ne tient pas compte des indicateurs Qualité lorsque sa santé est en jeu démontre le peu d'intérêt des indicateurs chiffrés dédiés à la Qualité.

Pour ceux qui souhaiteraient tout de même utiliser des indicateurs chiffrés, les conditions nécessaires pour échapper aux prédictions de Goodhart et de Campbell sont les suivantes :

---

25 Inspirée d'une devise Shadok "Mieux vaut pomper, même s'il ne se passe rien, plutôt que risquer qu'il se passe quelque chose de pire en ne pompant pas".

- Les indicateurs doivent être très nombreux, à défaut d'être parfaits, pour couvrir la plus grande partie possible de l'activité suivie.

- Les indicateurs choisis pour l'évaluation doivent être différents tous les ans.

- Ce choix annuel doit être tenu secret pour éviter la triche sous toutes ses formes.

Vous avez reconnu les principes généraux des sujets d'examen destinés à évaluer la qualité de la formation des étudiants. L'évaluation de la Qualité fondée sur des indicateurs, telle qu'elle se pratique actuellement, équivaut au contraire à un examen dont les sujets seraient connus à l'avance et identiques tous les ans. L'idée qu'un tel examen puisse évaluer correctement la qualité globale du travail des étudiants paraîtrait risible. C'est pourtant ainsi que se pratique majoritairement l'évaluation de la qualité du travail humain dans de nombreuses entreprises ou administrations. Pire, il est souvent demandé à l'agent de fournir lui-même les données permettant de calculer son indicateur, ce qui équivaut à demander à un étudiant de corriger sa propre copie.

En pratique, les indicateurs sont à l'évaluation du travail ce que les *subprimes* étaient aux placements financiers : un montage qui dissimule des placements à haut risque. La validité de ce parallélisme avec la finance est confirmée par la chute de la banque Lehman Brothers : elle était encore notée AAA (note maximale de l'indicateur de fiabilité) par l'agence financière Standard & Poor's deux jours avant sa faillite.

Chapitre IX

Le *reporting* : tout le monde au rapport !

Le retour du taylorisme sous forme d'une gestion de la Qualité procédurale et comptable a pour corollaire la nécessité de recueillir les données chiffrées permettant de calculer les indicateurs et de réaliser des comparaisons quantitatives (*benchmarking*).

La Qualité-domination a donc fait émerger une nouvelle maladie : le *reporting*.

L'employé, en sus de son travail, doit documenter en permanence son action en complétant des formulaires et en rédigeant des rapports. Il est sollicité par sa hiérarchie, mais aussi par divers services transversaux avides de chiffres, qui ne se concertent pas entre eux. Aucun de ces demandeurs ne se préoccupe de savoir si le temps consommé par ces tâches administratives est compatible avec la poursuite de la mission principale des employés.

Ce phénomène fonctionne en cascade : l'employé reporte à son responsable, qui reporte à son directeur, qui reporte au PDG, qui reporte aux actionnaires.

Les chiffres sont également indispensables pour alimenter de belles présentations, outils de valorisation important d'un cadre vis-à-vis de son supérieur, qui pourra récupérer ces chiffres pour se valoriser lui-même auprès de son échelon hiérarchique supérieur. Coupés de leur contexte, certains chiffres peuvent ainsi exprimer le contraire de ce qu'ils mesuraient initialement[26].

Plus la structure grossit, plus les directions s'éloignent des services opérationnels, plus l'angoisse des dirigeants privés de vision directe augmente et plus elle les conduit à demander encore plus de rapports et de chiffres. Cette inflation des contrôles aboutit malheureusement à faire baisser la production en détournant les employés de leurs missions. Cette baisse de production est alors habilement utilisée pour justifier une intensification du *reporting*, dans le but d'en identifier la cause. Nous retrouvons là une caractéristique de la Qualité domination : s'appuyer sur les difficultés qu'elle génère pour se renforcer.

Les chiffres issus du *reporting* sont souvent agrégés entre eux ou retravaillés pour créer de nouveaux concepts, de nouveaux modes d'analyse qui nourrissent une pseudo-science obscure pour les non-initiés. Cette situation kafkaïenne alimente les besoins en consultants Qualité extérieurs et leur procure des missions répétées ou permanentes ; elle accrédite par ailleurs l'idée qu'ils sont devenus indispensables et valide leur vision quantitative et déshumanisée de l'entreprise. Leur réussite est totale lorsqu'ils parviennent à pénétrer l'Université ou les grandes écoles pour y enseigner leurs pratiques, contaminant les futurs cadres avant même leur premier emploi.

Une fois le *reporting* installé dans les pratiques, il est très difficile de l'en extirper, car en dehors de ceux qui sont contraints de fournir les chiffres, tout le monde y trouve son compte. Ces données constituent des outils de pouvoir parfaits et rassurants. Leur quête

---

26 Ainsi, un délai de réponse court aux questions des clients par email peut aussi bien concerner une réponse pertinente qu'une réponse inappropriée envoyée par un robot.

obéit à d'autres déterminants que la rationalisation du travail ou l'amélioration de la Qualité, et c'est encore la domination qui est au premier plan ; elle s'exerce de deux façons :

- En interne, le *reporting* conforte les hiérarchies (on reporte à son supérieur) et les services Qualité transversaux dont il justifie l'existence et la pérennité.

- En externe, elle permet aux consultants d'exercer un contrôle sur les dirigeants (qui leur délèguent des analyses devenues trop complexes) et sur les échelons hiérarchiques inférieurs qui doivent leur fournir directement leurs chiffres et rapports d'activité.

Enfin, le *reporting* génère une souffrance qui fait partie intégrante des rapports de pouvoir. La souffrance silencieuse et acceptée du subordonné face aux tâches pénibles affirme sa soumission et valide la position dominante de son supérieur. D'ailleurs, le mot "supérieur" n'a pas été choisi par hasard ; il ancre dans la tête du subordonné un jugement de valeur : "J'obéis à mon chef, et c'est normal, car il m'est *supérieur* et je lui suis inférieur". La disparition de l'adjectif "hiérarchique" après supérieur n'est pas anodine.

Chapitre X

Souffrance et aliénations

La souffrance est étroitement intriquée avec la domination du supérieur sur l'inférieur. Les relations sadomasochistes ne constituent qu'une forme extrême de notre aptitude innée pour la domination et la soumission, aptitude que nous partageons avec les mammifères grégaires. L'absence de révolte du soumis face à la souffrance infligée par le dominant constitue la preuve absolue de son pouvoir, la promesse de la soumission durable du dominé. De nombreux dominants, humains ou non, ont besoin de faire souffrir leurs inférieurs à intervalles réguliers pour vérifier et entretenir leur soumission.

Ce déterminisme biologique explique en partie la composante sadique de certaines procédures imposées ou d'exigences de *reporting*. Le cadre, le qualiticien (ou l'entraîneur sportif) qui maintiennent des demandes stupides et contraignantes, ont besoin de voir leurs équipes obéir dans la souffrance. Cette démarche souvent inconsciente, et donc presque toujours niée, leur permet de se rassurer sur la réalité et la stabilité de leur pouvoir.

Si la Qualité-domination ne représente pas la cause unique de la souffrance au travail, son implication directe ou sous-jacente est très fréquente. J'ai déjà évoqué l'exemple le plus évident : face à l'agent qualifié et expérimenté, le cadre qui n'a pas de connaissance technique ne dispose que de son statut pour exercer sa domination hiérarchique. Ce statut peut être fragile face à une compétence forte des agents qu'il encadre ou contrôle. La Qualité dévoyée, en évaluant le travail exclusivement à l'aune du respect des procédures, balaye la compétence, l'expérience et l'adaptabilité de l'agent pour imposer une méthode de travail standardisée. Rapidement, *"le meilleur moyen de bien faire"* devient *"la seule voie possible pour faire bien"*. La recommandation devient une obligation : l'agent qualifié ne peut plus se poser en expert de son métier.

Malheureusement, la réalité est souvent mouvante et imprévisible. L'agent contourne donc les procédures lorsqu'elles sont inadaptées pour tenter de faire tant bien que mal du bon travail. Ces initiatives destinées à résoudre des problèmes imprévus vont l'exposer à des critiques ou des sanctions.

En pratique, certains comprennent parfaitement les règles de ce jeu pervers et appliquent strictement les procédures, quelles qu'en soient les conséquences. Leur production est médiocre, mais ils sont bien notés et touchent des primes.

Au contraire, les agents consciencieux font appel à leur compétence pour résoudre les problèmes atypiques, et ils prennent du retard pour gérer au mieux ces situations imprévues, plutôt que de suivre strictement les procédures. Ils risquent d'être sanctionnés pour cet écart, pourtant dicté par la préoccupation légitime de bien faire.

La Qualité dévoyée aboutit alors à un paradoxe : plus l'agent est compétent et efficace dans sa fonction, plus il est mal noté. Les médiocres qui se plient à la règle, y compris quand elle est inadaptée, bénéficient au contraire d'une rémunération plus élevée et de la considération de leur hiérarchie.

Cette injustice est une source importante de souffrance psychique au travail. Elle s'ajoute à la perception douloureuse de l'écart entre ce qui est prescrit, et ce que l'opérateur sait être nécessaire pour faire du bon travail.

J'ai rencontré récemment un exemple frappant de cette situation. Dans le cadre de la "prime à la performance" versée aux médecins généralistes[27], ceux-ci doivent vacciner contre la grippe au moins 75% des personnes fragiles de leur clientèle. Depuis les errements de la vaccination antigrippale 2009, il n'est pas toujours facile de convaincre les patients de l'intérêt de cette vaccination. Un de mes confrères, particulièrement consciencieux, parvenait tout juste à ce pourcentage fatidique, quand il découvrit avec surprise que son associé atteignait 90%. Une petite enquête lui révéla le pot aux roses : son confrère récoltait les bons de vaccination (permettant la délivrance gratuite du vaccin) auprès de ses patients. Il retirait ensuite lui-même tous les vaccins en pharmacie, les conservait au cabinet, vaccinait ses patients volontaires, et jetait à la poubelle les vaccins inutilisés. Comme l'Assurance-maladie établit la réalité de la vaccination à partir du seul retrait du vaccin en pharmacie, ce médecin malhonnête obtenait un excellent score !

Quel belle démonstration de la loi de Goodhart sur la fragilité des indicateurs ! Outre la gabegie financière qu'elle entraîne, cette "adaptation" des médiocres à la Qualité est désespérante pour ceux qui ne trichent pas.

Double contrainte

Un autre facteur de souffrance étroitement lié à la Qualité réside dans la double contrainte. Il s'agit d'un mécanisme décrit dans les années cinquante pour tenter d'expliquer l'origine de la folie : les

---

27 Depuis 2013, 98% des médecins généralistes libéraux français ont accepté de recevoir une rémunération complémentaire à leurs honoraires, sous forme d'une prime annuelle de plusieurs milliers d'euros, calculée en fonction de leur respect d'une liste d'indicateurs Qualité élaborés par l'Assurance Maladie. Initialement appelée *Prime à la performance*, ce bonus est désormais dénommé *Rémunération sur objectifs de santé publique* (ROSP)

adolescents seraient plongés dans la schizophrénie par des injonctions parentales dites paradoxales, c'est-à-dire irréalisables en pratique car elles se contredisent entre elles. Par exemple, reprocher à son enfant de se plaindre de son dos, tout en refusant de remplacer sa chaise de bureau cassée depuis des mois ; lui demander en permanence de ranger ses affaires tout en lui reprochant d'être maniaque. Cette mise en échec obligatoire possède un effet dévastateur sur le psychisme (bien que la théorie de la double contrainte dans la schizophrénie n'ait jamais été validée).

La Qualité dévoyée porte en elle cette double contrainte lorsqu'elle conduit à l'inverse de ce que son nom évoque. Empêcher des agents de faire du bon travail tout en promettant le contraire est une injonction paradoxale.

Cette double contrainte de la Qualité dévoyée est présente également dans les détails :

- Présenter le personnel comme la principale richesse de l'entreprise, tout en traitant les hommes et les femmes comme des machines-outils ou de simples pions interchangeables.

- Imposer de fréquentes formations et réunions pour améliorer la Qualité, dont la répétition mobilise le personnel au point de désorganiser gravement la qualité de la production.

- Insister sur la nécessité d'innover, d'être autonome, de penser différemment, tout en imposant un cadre fonctionnel rigide et sclérosant.

- Instaurer des échelles de priorité, puis déclarer que tout est prioritaire face à la moindre urgence.

La double contrainte en entreprise expose à un risque de folie particulière appelée *aliénation sociale*.

Dans la folie ordinaire, ou aliénation *mentale*, le sujet a une vision déformée de la réalité, réalité que les autres perçoivent correctement ; cette perception anormale du réel le caractérise en tant que malade mental :

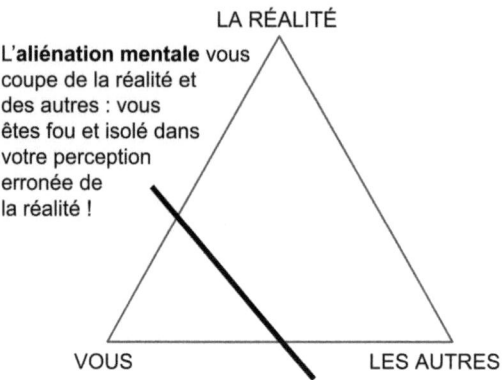

Dans l'*aliénation sociale*, la situation est inversée : le sujet perçoit l'absurdité de son environnement, mais il est isolé et contesté dans cette perception par son encadrement.

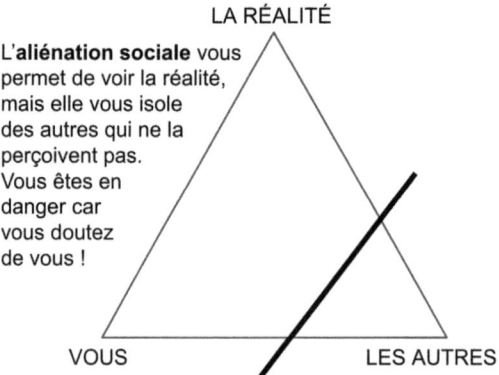

Le système lui retourne l'accusation d'irrationalité puisqu'il serait seul à la percevoir.

Cette aliénation sociale menace l'agent qui constate que la démarche Qualité-domination qui règne dans son service aboutit à dégrader le travail, que certains indicateurs sont falsifiés, et que tout cela n'a aucun sens. Lorsqu'il s'ouvre de ses préoccupations, elles sont contestées par ses supérieurs, voire par ses collègues. Il est celui qui dérange, qui ne sait pas s'adapter, qui ne joue pas le jeu et qui résiste au changement. Il est celui qui, dans le film *Matrix*, a pris la pilule rouge au lieu de la pilule bleue[28].

Si cet agent manque de confiance en lui, cet isolement dans la perception des dysfonctionnements peut le conduire à douter de son propre jugement et à s'auto-dévaloriser. Si la situation perdure, l'état de l'*aliéné social* peut évoluer vers une grave dépression ou un suicide sur son lieu de travail, phénomène dont le développement inquiétant est contemporain de celui du déploiement de la démarche Qualité.

---

28 Dans le film *Matrix* (1999), le héros Néo se voit proposer deux pilules après que l'existence de la Matrice lui a été révélée. La pilule bleue provoquera l'oubli de cette révélation et le retour à la vie "normale". La pilule rouge au contraire lui permet de rejoindre les rebelles et de voir ce que les autres ne voient pas, et qui confirme ses intuitions.

Intériorisation des contraintes

La Qualité dévoyée au profit de la domination utilise une manipulation mentale assez courante : l'intériorisation de la contrainte. Plutôt que d'imposer une règle ou une procédure à l'individu, la manœuvre consiste à lui faire croire que cette règle est indissociable d'une de ses propres valeurs. La Qualité, dont le nom véhicule un concept positif quasi universel, joue en permanence sur cet aspect. Les procédures sont alors présentées comme des recommandations appuyées sur ces valeurs partagées : "Vous êtes préoccupé par la qualité de votre travail ? Donc vous adhérez forcément à la démarche Qualité". Si l'agent ne suit pas les recommandations, il aura le sentiment douloureux de remettre en cause la qualité globale de son travail. De plus, il se sentira isolé parmi des collègues qui partagent les mêmes valeurs. En pratique, la contrainte intériorisée est beaucoup plus puissante que celle qui est imposée.

Souffrance à tous les étages

Cette souffrance liée à l'absurdité des indicateurs et aux doubles contraintes ne concerne pas exclusivement les simples exécutants, bien au contraire. Les cadres sont les plus touchés. Leur plus grande vulnérabilité vis-à-vis de ces phénomènes est liée à leur position intermédiaire puisqu'ils sont à la fois victimes et bourreaux. Non seulement ces cadres sont eux-mêmes exposés aux errances de la Qualité-domination et à un culte de la performance fondé sur des indicateurs discutables, mais ils doivent transmettre ce culte à leurs subordonnés et leur vanter une démarche Qualité à laquelle ils ne croient plus eux-mêmes. Ils ressentent une culpabilité qui renforce le pouvoir destructeur de la machine à broyer dont ils sont aussi les victimes.

François Sigaut, anthropologue à l'origine du concept d'aliénation sociale a également décrit l'aliénation *culturelle*. Dans cette forme d'aliénation, plus personne ne voit la réalité, c'est une forme de folie collective telle qu'on la rencontre dans les sectes, liée à notre instinct grégaire ou à la personnalité charismatique de certains gourous ou dirigeants. La Qualité-domination confine parfois à cette aliénation culturelle quand plus personne ne se souvient de l'origine de certaines procédures, mais qu'elles perdurent et échappent à toute remise en cause :

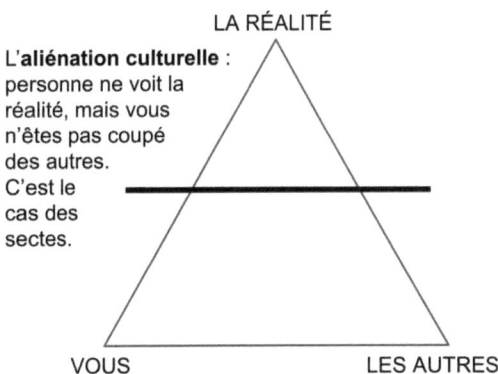

Cette *aliénation culturelle* en entreprise est bien illustrée par l'histoire des singes et de la banane :

Placez dix singes dans une pièce nue, à l'exception d'une grande échelle. En haut de cette échelle est accrochée une banane.

Installez un dispositif automatique qui déclenche une douche glacée dans la totalité de la pièce chaque fois qu'un singe tente de monter à l'échelle.

Après quelques essais avortés aboutissant à une douche collective, le groupe développera une forte agressivité vis-à-vis de tout singe qui fera mine de monter à l'échelle. Rapidement, plus aucun d'entre eux ne tentera l'escalade.

Remplacez un singe du groupe par un nouveau singe. Dès que celui-ci touche l'échelle, les neuf autres se ruent sur lui et le battent pour l'en dissuader. Il ne comprend pas pourquoi car la douche glacée ne s'est pas encore déclenchée. Après une ou deux tentatives, il finit par abandonner pour éviter les coups.

Remplacez un deuxième singe. Ce nouveau singe tentera lui aussi d'attraper la banane avant d'être battu par les autres. Fait remarquable, le premier singe remplaçant va participer à la révolte collective, alors qu'il n'en connaît toujours pas la raison.

Si vous remplacez successivement tous les singes, ils continueront à punir tous ceux qui tenteront de monter à l'échelle. Quand vous aurez remplacé le dixième singe, plus aucun d'entre eux ne saura pourquoi ils procèdent ainsi, mais la répression collective persistera pendant plusieurs semaines[29].

Lorsqu'une telle *aliénation culturelle* s'est installée, l'entreprise est gravement menacée puisqu'il n'existe plus aucun garde-fou (au sens littéral) pour éviter la paralysie totale. Ce qui est particulièrement marquant, c'est que la Qualité, utilisée initialement comme outil de domination par les cadres sur proposition de consultants spécialisés, finit par les dominer eux-mêmes. De l'agent d'entretien au PDG, tous les membres de la société ploient sous la charge d'indicateurs peu pertinents, à commencer par le cours de l'action si la société est cotée. Le pouvoir du service Qualité ou des consultants extérieurs s'accroît jusqu'à devenir menaçant pour la direction elle-même, à l'image de l'Inquisition espagnole. C'est le stade ultime de la maladie. Pour ceux qui

---

29 À ma connaissance, cette expérience n'a en fait jamais été réalisée. Elle s'inspire néanmoins de comportements réels chez les primates.

résistent à l'aliénation culturelle, la seule planche de salut réside dans la lutte ou dans la fuite.

Chapitre XI

Résister

Comme l'explique Vincent de Gaulejac[30], combattre la toxicité de l'injonction paradoxale nécessite de démonter préalablement le paradoxe. C'était l'objet des chapitres précédents : mettre à jour les mécanismes pervers de la Qualité-domination pour vous préserver de l'*aliénation sociale* et de l'*aliénation culturelle* en renforçant votre confiance dans votre jugement. Vous avez raison, même si vous vous sentez parfois bien seul à détecter la toxicité de cette pseudo-Qualité. Cette démonstration a déjà été faite par des auteurs beaucoup plus compétents que moi[31] et ce que vous venez de lire ne constitue donc qu'un résumé à visée pédagogique. J'ai souhaité me focaliser, à la suite d'Henri Laborit, sur l'omniprésence de l'instinct de domination en toile de fond du dévoiement de la démarche Qualité.

D'une façon générale, comprendre les causes du mal donne des armes pour lui résister. Identifier et comprendre les méthodes d'un pervers narcissique apporte à ses victimes un grand soulagement et leur permet d'amorcer une résistance salvatrice ; de la même façon, la mise à nu des motivations réelles de la Qualité-domination lui fait perdre son aura protectrice. Une fois démasquée, cette pseudo-Qualité paraîtra aussi ridicule qu'un gourou en slip.

---

30 Vincent de Gaulejac, *la Société malade de la gestion*, Éditions du Seuil, 2005.

31 La bibliographie en fin d'ouvrage propose une sélection de livres et d'articles pour le lecteur souhaitant approfondir cette question.

Ne tentez pas de convaincre un qualiticien de l'absurdité de son travail. Argumenter avec lui, c'est comme se battre avec un cochon dans la boue : vous finirez par comprendre qu'il adore ça ! Utilisez une arme bien plus redoutable : l'humour ! Utilisé à bon escient, l'humour déstabilise les imbéciles et affaiblit leur pouvoir. Il est de plus communicatif et viral[32]. Une remarque en réunion qui déclenche l'hilarité générale est difficile à contrer autrement que par une répartie humoristique, or les qualiticiens sont rarement drôles.

Les chapitres qui suivent seront donc consacrés à l'art de tourner en ridicule la Qualité-domination. Ils pourront vous paraître naïfs et enfantins, mais ne sous-estimez pas la puissance de la dérision. Contrairement à ce qu'affirme le dicton, le ridicule peut tuer.

Vos blagues bénéficieront sans doute d'une large diffusion, mais veillez à ne pas utiliser l'e-mail (et encore moins avec votre adresse professionnelle) pour les lancer, car être identifié comme son emetteur initial pourrait vous valoir des ennuis. Il est préférable de l'imprimer et de l'afficher à côté de la machine à café ou dans les toilettes. Elle se répandra toute seule. Ne dites vraiment à personne que vous en êtes l'instigateur, y compris à vos amis de 30 ans... Quelques semaines après, rien ne vous empêchera en revanche de la faire circuler par e-mail ; vous serez noyé dans la masse des rediffuseurs.

---

32 Contrairement aux procédures, les histoires drôles ont une capacité d'autodiffusion importante, chacun la racontant à plusieurs collègues. Cette diffusion explosive (facilitée par Internet) est souvent qualifiée de virale par analogie avec la diffusion des maladies contagieuses.

Chapitre XII

Mettre en évidence des failles et des manipulations

La gestion par la Qualité, lorsqu'elle devient un outil de domination, présente des failles et utilise des techniques de manipulation qu'elle s'efforce de dissimuler. Elle imite le prestidigitateur qui détourne votre attention pendant qu'il sort une balle de sa poche : la Qualité-domination utilise des trucs vieux comme le monde ! Mais si un spectateur se lève pendant le numéro du magicien pour dévoiler le secret de la femme coupée en deux, le charme est rompu ; le public se reconnecte brutalement à la réalité et ne voit plus qu'un truqueur dans un costume à paillettes ridicule. C'est exactement ainsi que vous devez agir pour mettre à mal la Qualité-domination . mettre en évidence ses failles ou ses manipulations pour la ridiculiser et libérer vos collègues et vos managers de son emprise quasi hypnotique.

Fais ce que je dis et ne fais pas ce que je fais

La Qualité-domination dispense les directions de la corvée des formations Qualité, et surtout de l'évaluation de leur propre activité. Or, le *top-management* devrait logiquement se plier à la même discipline que le reste de l'entreprise. Mais dans la mesure où la Qualité sert essentiellement à dominer, il est hors de question qu'elle mette en difficulté la direction dont elle est l'alliée. Les rares formes d'évaluation de la direction restent confidentielles et leurs résultats ne sont destinés qu'aux dirigeants eux-mêmes.

Vous pourrez, prudemment, demander en réunion ou pendant les formations quels sont les indicateurs retenus pour évaluer l'activité des directeurs, et où ces indicateurs seront affichés. Si le qualiticien prend un air étonné et tente d'éluder votre question, donnez lui des idées :

- Qualité de la réflexion stratégique

- Ponctualité en réunion

- Disponibilité

- Délai pour prendre une décision une fois les éléments nécessaires communiqués

Amusez-vous intérieurement de son air embarrassé, mais prenez un ton naïf et surtout pas revendicatif ; excusez vous d'avoir posé la question !

La Qualité n'est pas évaluée ou s'évalue elle-même

L'une des actions préférées des services Qualité est d'évaluer, de quantifier, de *benchmarker*[33] l'activité des autres services.

En revanche, elle tente par tous les moyens d'échapper à sa propre évaluation. Vous verrez rarement affiché l'indicateur "Pourcentage du temps de travail consommé par la Qualité".

La Qualité-domination pratique plusieurs stratégies d'évitement pour échapper à ses propres règles :

---

33 J'ai assez peu parlé du *benchmarking*. Cet outil de gestion, souvent intégré dans la Qualité, consiste à utiliser des indicateurs "universels" pour évaluer comparativement des services internes ou des entreprises dont l'activité est comparable. Dans la mesure où les indicateurs, comme nous l'avons vu, sont rarement pertinents, leur comparaison l'est encore moins. Le *benchmarking* constitue néanmoins une activité très prisée par les gestionnaires car il permet de faire de jolis graphiques et de justifier la pression exercée sur leurs subordonnés.

- Ne prévoir aucune évaluation de sa propre activité et laisser entendre qu'une telle évaluation est sans intérêt puisque la Qualité est toujours utile.

- Pratiquer elle-même son évaluation : on n'est jamais si bien servi que par soi-même. Les résultats sont généralement très bons !

- Publier des indicateurs quantitatifs sur le nombre de procédures créées ou sur le succès de leur implémentation et laisser croire que ces indicateurs correspondent à une véritable évaluation qualitative de la démarche Qualité alors qu'ils ressemblent plutôt au bilan d'extension d'un cancer.

Ces failles sont constantes et assez faciles à mettre à jour. Leur évocation est souvent déstabilisante pour les qualiticiens. Rappeler à la direction qu'il convient de faire évaluer l'impact de la démarche Qualité par un cabinet extérieur est souvent payant. Cette perfidie présente l'avantage d'être difficile à contrer : comment contester sa propre évaluation quand on prône soi-même l'évaluation dans tous les compartiments de l'entreprise ou de l'administration ? Le seul risque (fréquent) est une collusion entre le cabinet qui gère la Qualité et celui qui va gérer son évaluation.

Mettre en évidence l'aspect réducteur de la Qualité

N'hésitez pas à demander innocemment comment les indicateurs vont pouvoir évaluer globalement la qualité du travail, alors qu'ils ne concernent qu'une toute petite partie de votre activité et de celle de vos collègues. Demandez sur un ton naïf quels sont les indicateurs qui mesurent le niveau d'entraide entre collègues, le taux de résolution des problèmes imprévus, le temps consacré à satisfaire les exigences administratives de la Qualité. Les qualiticiens auront des réponses toutes prêtes. Surtout, n'ergotez pas, vous pourriez le payer cher. Souvenez-vous qu'une attaque frontale de la Qualité est aussi dangereuse que vouée à l'échec.

Prenez l'air de celui ou celle qui n'avait pas compris et qui est enfin renseigné. L'intérêt de votre question est de semer le doute dans l'esprit de vos collègues et des managers présents, de placer un grain de sable dans les rouages de la manipulation.

Gardez en tête la fable des singes et de la banane : au bout d'un moment, plus aucun singe ne sait pourquoi il ne faut pas monter à l'échelle. N'hésitez pas à poser les questions qui pourraient paraître idiotes. Lorsque la seule réponse proposée est "tout le monde fait comme cela", vous avez touché juste.

Chapitre XIII

Attention aux "ravis" de la crèche

Avant de vous lancer dans la dérision, vous devez identifier les pièges qui pourraient vous mettre en difficulté. Vos adversaires les plus dangereux ne seront pas forcément les qualiticiens. Il pourrait s'agir de certains de vos collègues instrumentalisés par la Qualité.

Dans le célèbre film de David Lean *le Pont de la rivière Kwaï*, le colonel anglais Nicholson construit un pont pour les Japonais dont il est prisonnier. Ce chantier, qu'il a obtenu de diriger en échange de la collaboration de ses hommes, leur permet de retrouver leur dignité et un meilleur moral.

Son investissement affectif dans le chantier est tel qu'il finit par combattre un commando américain venu le saboter, avant de réaliser qu'il sert l'ennemi et de le faire exploser lui-même.

Les humains sont extraordinairement sensibles à la manipulation. Les expériences en psychologie sociale montrent que les effets du conditionnement préalable sur les comportements sont proprement hallucinants[34].

Une approche couramment utilisée par la Qualité-domination et redoutablement efficace consiste à recruter des profils favorables parmi les employés.

Il s'agit d'individus cumulant les caractéristiques suivantes :

- Fort investissement professionnel, désir sincère de bien faire.

---

34 RV Joule, JL Beauvois *Petit traité de manipulation à l'usage des honnêtes gens*, 2e éd.Presses universitaires de Grenoble 2014

- Nature méticuleuse, voire psychorigide.

- Attirance spontanée pour les règles et les procédures.

- Forte sensibilité aux compliments et aux valorisations personnelles (distinctions, nominations, médailles).

Ces employés seront réunis par la direction Qualité dans l'optique
d'élaborer les référentiels Qualité de l'entreprise. Lors de cette
réunion ou de ce séminaire, ils bénéficieront d'une forte
valorisation *"Vous êtes nos meilleurs éléments, nous avons besoin
de vous pour élaborer les méthodes de travail optimales"*. Leur
élévation au rang d'étalon de la qualité, leur invitation à fréquenter
l'élite de la société et leur sentiment d'avoir enfin le destin
supérieur qu'ils méritent suffiront à en faire les plus ardents
supporters de la Qualité. Je les assimile aux *ravis*, ces santons de la
crèche de Noël qui lèvent les bras en extase devant le miracle de la
nativité.

Les ravis oublieront rapidement la réalité, si complexe et
imprévisible, pour adhérer totalement au principe des procédures.
Face à la transformation de leurs méthodes personnelles en
modèles de qualité, ils seront envahis par un délicieux sentiment de
supériorité, au point de perdre tous leurs repères humains et de
devenir des complices actifs de l'aliénation de leurs collègues. S'il
n'en reste qu'un pour défendre une procédure rigide et souvent
inadaptée, ce sera sans doute l'employé modèle qui a participé à
son élaboration. En fait, ce collègue est devenu un dominant et il se
battra bec et ongles pour ne pas perdre son statut.

Dans votre stratégie contre la Qualité-domination, vous devez être
extrêmement méfiant vis-à-vis de ces collègues "perdus". Tel le
colonel Nicholson dénonçant aux Japonais le commando qui veut
détruire son pont, ces collègues pourraient vous faire beaucoup de
mal.

Chapitre XIV

Les blagues sur la qualité

J'ai déjà inséré dans la première partie quelques contes humoristiques sur la Qualité : "la fable du rameur", "les singes et la banane". Ces fables possèdent une forte valeur pédagogique. Une fois connues de tous, elles permettent parfois de résister collectivement au discours Qualité par une allusion discrète en réunion : face à un fou rire général dont il ne comprend pas l'origine, l'orateur sera déstabilisé et vous aurez saboté efficacement son numéro d'illusionniste.

Je vais donc vous proposer un petit répertoire de blagues sur la Qualité que j'ai recueillies, transposées, ou créées à partir de témoignages.

Curieusement, il en existe assez peu, mais la thématique de la résistance à la domination par l'absurde est vieille comme le monde et de nombreuses blagues traditionnelles peuvent être adaptées à la Qualité. Je tiens à rendre particulièrement hommage à l'humour juif, mine quasiment inépuisable, et à Scott Adams, créateur américain de la bande dessinée *Dilbert*, dont voici un exemple :

Les courtes histoires illustrées de Scott Adams l'ont rendu célèbre dans le monde entier. Certaines entreprises les jugent si subversives que leur affichage est interdit dans leurs bureaux. La pensée critique (mais lucide) de Scott Adams est résumée dans son livre *le Principe de Dilbert*. Ce chef d'œuvre d'humour noir, qui aura bientôt vingt ans, étrille avec une férocité réjouissante les mauvaises pratiques managériales, les consultants malhonnêtes et les outils de gestion fumeux. L'œuvre de Scott Adams n'a pourtant pas suffi à bloquer l'invasion de la Qualité-domination. Peut-être est-il arrivé trop tôt ? Ses livres ne sont plus édités en français, mais vous pourrez trouver facilement des exemplaires d'occasion. Vous pouvez également découvrir les bandes dessinées de Scott Adams sur son site internet, en anglais :

http://www.dilbert.com/strips/. N'hésitez pas à utiliser vos talents de traducteur auprès de vos collègues.

Je vous propose de me faire parvenir sur mon adresse e-mail dominique@dupagne.com des dessins, histoires, ou vidéos qui m'auraient échappé. Je les mettrai en ligne sur le site www.qualitemonq.com (en préservant votre anonymat, sauf indication contraire de votre part).

Voici la sélection que j'ai réalisée pour cette première édition :

Les cannibales

Une grande administration embauche dix nouveaux employés cannibales dans le cadre de la discrimination positive. Lors de leur arrivée, le directeur leur annonce : "Vous êtes les bienvenus ici, le travail est intéressant et on mange très bien à la cantine, mais attention ! Laissez tranquilles les autres employés !"

Les cannibales promettent de n'embêter personne...

Un mois plus tard, le directeur les convoque :

"Vous faites du bon boulot, mais il nous manque une femme de ménage… Est-ce que vous savez ce qu'elle est devenue ?"

Les cannibales répondent tous par la négative et jurent n'avoir rien à voir avec cette disparition.

Dès que le directeur est parti, le chef des cannibales interroge ses collègues :

"Quel est le con parmi vous qui a mangé la femme de ménage ?"

Le dernier au fond répond d'une petite voix : "C'est moi".

"Pauvre abruti ! Depuis un mois, on ne se nourrit que de chefs de service, de chefs de projet et de consultants Qualité, afin que personne ne remarque rien, et toi il faut que tu en bouffes une qui bosse ! "

La vache de Laguiole

Un éleveur de bovins est confronté à un problème. Il a acheté des génisses de race Aubrac qu'il projette de faire vêler, et un voisin dispose d'un taureau de même race. Malheureusement, chaque fois que le taureau tente de saillir une de ses génisses, celle-ci donne un petit coup de postérieur à droite ou à gauche, ce qui déstabilise le taureau qui chute lourdement. Celui-ci, écœuré, finit par abandonner. Désespéré, l'éleveur finit par suivre les conseils d'un ami qui lui recommande chaudement un consultant réputé, rencontré lors d'une formation Qualité. Celui-ci se déplace, se fait décrire le comportement des génisses avec le taureau, puis sort son ordinateur et consulte de nombreux documents. Enfin, il se prend la tête dans les mains, réfléchit longuement, avant de s'adresser à l'éleveur :

- Auriez-vous acheté vos génisses à Laguiole, en Aveyron ?

- Mais oui ! Tout à fait ! Ah mais mon ami ne m'a pas menti, vous êtes vraiment impressionnant ! Mais comment savez-vous cela ?

- Ma femme est née à Laguiole...

Le berger corse

Un consultant en vacances en Corse part au marché pour acheter de quoi faire un méchoui avec ses amis.

En chemin, sa voiture est bloquée par un immense troupeau de moutons conduit par un berger qui leur fait traverser la route deux par deux. Il peste intérieurement contre cette procédure ridicule alors que rien ne semble interdire de faire traverser le troupeau plus vite ; mais il sait les Corses susceptibles et se garde de faire la moindre suggestion. En revanche, une idée lui traverse l'esprit et il s'adresse au berger.

- Beau troupeau que vous avez là !

- Oui, répond le berger, laconique.

- Si j'arrive à compter vos moutons en moins de 30 secondes, vous m'en offrez un ?

- Pourquoi pas, répond le berger, amusé.

- 355, annonce le vacancier en 22 secondes !

- C'est cela, constate le paysan, surpris. Vous avez gagné, servez-vous !

Alors que le vacancier allait repartir, le berger l'interpelle

- Et moi, si je devine votre métier, vous me rendez ma bête ?

- Je ne peux pas refuser...

- Vous êtes consultant Qualité.

- Mais... Comment avez-vous deviné ?

- Facile, vous êtes fort en chiffres, mais vous ne connaissez rien à mon métier. Vous avez pris mon chien.

L'acheteur et les têtes de hareng

Une PME s'est dotée récemment d'une direction de la Qualité. L'ensemble des services s'est plié aux nouvelles procédures, aux indicateurs et au *reporting*, sauf un : celui des achats. Ce service est dirigé par un vieil homme discret qui semble soutenu par la direction générale car il a été impossible de lui imposer ces nouveaux outils de gestion.

Le directeur Qualité le croise un jour à l'heure du déjeuner. Le vieil homme s'est mis à l'écart et mange des têtes de hareng fumé qu'il a apportées avec lui. Le directeur Qualité l'interpelle :

- Ah, vous voilà vous ! Vous savez, vous finirez par vous plier à la Qualité, que vous le vouliez ou non.

Le vieil homme lève les yeux au ciel et ne répond pas.

- Mais qu'est-ce qui vous fait penser que vous êtes plus malin que les autres ?

Le vieil homme désigne alors les têtes de hareng :

- Ça. C'est mon secret. Cela ne coûte rien et c'est plein de phosphore.

- Vous êtes sérieux ?

- Oui, oui, essayez, vous verrez. Je peux vous en céder 100g pour 10 euros.

Le directeur Qualité lui donne 10 euros et commence à manger avec dégoût une tête de hareng. Puis il fronce les sourcils :

- Mais vous vous foutez de moi ! Vous me vendez 100 euros le kilo des têtes de hareng fumé, alors que le hareng entier ne coûte pas plus de 20 euros le kilo !

- Ah ! Vous voyez, ça commence à marcher !

Qualité au concert

Le PDG d'une grande entreprise reçoit une invitation pour un concert sponsorisé par son entreprise. Une obligation imprévue ne lui permettant pas d'assister au spectacle, il offre sa place à son ingénieur-qualité. Le lendemain ce dernier lui présente un rapport avec les observations suivantes :

« Pendant de longues périodes, les quatre hautboïstes n'ont rien à faire, il conviendrait d'en réduire le nombre et de répartir leur activité sur d'autres instruments.

Les douze violons jouent des notes identiques. C'est idiot, il suffit d'en garder un. Si on a vraiment besoin d'un volume sonore plus élevé, un amplificateur ferait l'affaire.

On peut s'interroger sur la pertinence de la présence à temps complet du cymbaliste qui nous surprend à jouer quelques secondes seulement, près d'une heure après le début du concert, sans réitérer son geste par la suite. Il faut négocier un contrat à temps partiel pour ce musicien.

On s'est beaucoup dépensé à jouer des triples croches. C'est une complication inutile ; je suggère d'arrondir toutes les notes à la double croche. Il serait ainsi possible d'avoir recours à des stagiaires à moindre coût.

Je ne vois guère l'utilité de faire reprendre par les cors des passages déjà joués par les cordes. Encore une économie potentielle.

Si tous les passages superflus de ce genre étaient éliminés, on pourrait réduire le concert de deux heures à vingt minutes seulement et faire ainsi des économies d'éclairage et de chauffage. »

Bien ! Très bien !

L'histoire drôle qui suit ne parle pas de qualité. En revanche, elle peut servir de code secret entre ceux qui ont appris à démasquer la domination déguisée en Démarche Qualité.

Devant un collège huppé, une mère de famille qui attend ses enfants tente de lier conversation avec une autre maman ; elle lui montre son superbe manteau :

- C'est le vison que mon mari m'a offert pour nos 10 ans de mariage.

- Ah bien, très bien !

- Et pour nos 20 ans de mariage, il m'a offert une Jaguar.

- Bien, très bien !

- Et pour nos 30 ans, il m'a offert une maison de campagne.

- Bien, très bien !

- Et vous ? Votre mari…

- Pour nos 30 ans de mariage, mon mari m'a offert des cours de maintien.
- Des cours de maintien ???

- Oui, avant je disais "Va chier, grosse conne", et maintenant je dis "Bien, très bien".

Vous aussi, en réunion ou en formation Qualité, n'hésitez pas à dire *Bien, très bien* après une intervention particulièrement stupide. Vous ne risquez rien, et en observant vos collègues, vous pourrez identifier à leur sourire ceux qui ont lu ce livre et qui pourraient devenir vos alliés potentiels.

Golf

Le PDG d'une entreprise joue au golf avec son directeur Qualité. Au dernier trou, il rate complètement son drive. La balle sort du terrain et vient frapper la visière du casque d'un motard sur la route adjacente. Celui-ci perd le contrôle de sa moto et une voiture qui venait en sens inverse freine pour l'éviter et fait un tête-à-queue. Un camion citerne qui suivait fait une embardée et vient percuter un bus scolaire qui prend immédiatement feu.

Le PDG est pétrifié devant ce désastre

- "Mon Dieu ! Qu'est-ce que je dois faire ?"

Le directeur Qualité lui répond, joignant le geste à la parole

"Vous tenez mal votre club, prenez-le plutôt comme ça"

Le lion et la fourmi (variante de la fable des rameurs)

Il était une fois une petite fourmi qui arrivait tous les jours au travail très tôt. Elle produisait beaucoup et elle était heureuse.

Le chef, un lion, fut surpris de voir que la fourmi travaillait sans supervision. Il se dit "Si la fourmi peut produire autant sans supervision, elle pourrait produire encore plus avec un bon superviseur !"

Il recruta donc un cafard qui avait une grande expérience de superviseur et qui était célèbre pour la qualité de ses rapports.

La première décision du cafard fut de mettre en place une horloge pointeuse.

Il recruta une secrétaire pour l'aider à écrire et taper ses rapports et une araignée, pour gérer les archives et les appels téléphoniques.

Le lion fut enchanté des rapports du cafard et lui demanda donc de produire des graphiques pour quantifier la production et analyser les tendances, afin de les présenter lors des réunions du conseil d'administration.

Pour ce faire, le cafard dut acheter un nouvel ordinateur et une imprimante laser et... recruter une mouche pour gérer le service informatique.

La fourmi, qui était avant si productive et détendue, détesta cette avalanche de documents et de réunions qui lui prenait la majorité de son temps !

Devant cette augmentation de personnel, le lion conclut qu'il était grand temps de nommer un responsable pour gérer le service où la fourmi travaillait.

Le poste fut confié à une cigale, dont la première décision fut d'acheter un tapis et un fauteuil ergonomique pour son bureau.

La cigale eut également besoin d'un ordinateur et d'un assistant personnel qu'elle débaucha de son ancien service, pour l'aider à préparer un plan d'optimisation stratégique, de contrôle Qualité et de contrôle de gestion ...

Aujourd'hui, le Département où la fourmi travaille est devenu un lieu triste, où plus personne ne rit et où tout le monde est déprimé ...

C'est à ce moment que la cigale convainquit le patron, le lion, de l'absolue nécessité de lancer une étude sur l'impact climatique et environnemental du Département.

Mais après avoir examiné les frais de fonctionnement du Département de la fourmi, le lion découvrit que la production était en chute libre.

Il recruta donc le hibou, un consultant prestigieux et renommé, pour réaliser un audit et proposer des solutions.

Le hibou passa trois mois dans le département et revint avec un énorme rapport, en plusieurs volumes, qui conclut : «Le Département est en sureffectif ... »

Le Lion prit alors un décision. Il licencia la fourmi ! Au motif *qu'elle avait fait preuve d'un manque de motivation et d'une attitude négative* !

Évaluation de fin d'année

Le patron à son subordonné : "Votre stratégie n'est pas bonne. C'est systématiquement votre dernière idée pour résoudre un problème qui se révèle efficace ! Vous perdez du temps inutilement avec les autres tentatives" *(Si l'absurdité de cette histoire ne vous saute pas aux yeux tout de suite, sachez que vous n'êtes pas le seul...)*

La théorie de l'Évolution (résumée par Scott Adams)

Au début, il y avait les amibes. Certaines amibes déviantes sont parvenues à mieux s'adapter à leur environnement et sont devenues des singes. Et puis on est passé au management par la Qualité Totale.

Gorilles et écureuils[35]

Si la nature se mettait à s'organiser sur le modèle d'une entreprise moderne, on verrait, par exemple, une bande de gorilles des montagnes se laisser commander par un écureuil. Naturellement, ce ne serait pas l'écureuil le plus compétent, mais celui dont personne ne voudrait ailleurs.

---

35 Scott Adams, *Le Principe de Dilbert*, First Editions 1997

Ventilation

Le Directeur Qualité d'une grande entreprise vit une situation personnelle difficile. Son épouse exprime avec rancœur son insatisfaction sexuelle et leur couple est en danger malgré un grand amour réciproque. Un matin, elle se réveille en sursaut :

"Oh, j'ai fait un drôle de rêve ! On faisait l'amour, et il y avait un grand noir debout sur une chaise, torse nu avec une simple jupe en raphia, qui nous ventilait avec un long éventail. Et j'ai pris un pied, mais un pied ! Tu ne peux même pas imaginer !"

"C'est bizarre" lui répond-il "On fait de ces rêves parfois…"

Arrivé au bureau, il repense à cette histoire, les yeux dans le vague, et voit soudainement passer devant sa porte un grand et superbe jeune homme noir. Il jaillit de son fauteuil et découvre qu'il s'agit du nouveau stagiaire du service courrier. Il le prend à part et lui propose une somme rondelette en échange d'un service…

Le lendemain soir, étant rentré chez lui avant son épouse, il lui annonce, les yeux brillants :

Viens voir dans la chambre, j'ai une surprise pour toi

Elle rentre et aperçoit un grand noir en jupe de raphia, debout sur une chaise, un grand éventail à la main.

Oh mon Chéri ! Quelle bonne idée ! Viens, je veux qu'on essaye tout de suite !

Monsieur se met donc en action, pendant que le stagiaire agite son éventail, mais la magie n'opère pas. Après quelques minutes, son épouse lui fait une suggestion :

Et si on essayait le contraire ? Toi tu ventiles, et lui vient sur moi ?

Un peu surpris, son mari accepte. Il met la jupe et prend l'éventail. Le stagiaire se met en action, et cette fois, son épouse exprime un plaisir aussi fort que bruyant.

Après une minute, n'y tenant plus, le qualiticien interpelle le stagiaire :

OK, Stop ! Stop ! Tu as vu comment il faut ventiler maintenant ? Alors remonte sur la chaise !

Ordonnance de sortie (histoire vraie)

À l'hôpital, un indicateur Qualité parmi d'autres est le pourcentage de patients à qui une ordonnance a bien été remise à leur sortie de l'hôpital. L'indicateur paraît pertinent, mais le service hospitalier d'un confrère était mal noté : 20% des dossiers ne comportaient aucune ordonnance de sortie, et pour cause… Il s'agissait du taux de décès dans ce service de réanimation accueillant des malades sévèrement touchés. Les morts n'ont plus besoin d'ordonnance.

BTP

Un ingénieur qualité américain travaillant dans le bâtiment vient à Paris pour la première fois. Dans le taxi, il aperçoit la tour Montparnasse et demande au chauffeur avec un énorme accent :

- Wooooow, ça est quoi, ça ?

- Ben c'est la tour Montparnasse

- Et combien de temps vous avez mis pour construire ça ?

- Je sais pas moi, trois ou quatre ans.

- Oh oh ! Dans mon pays, aux États-Unis, avec notre gestion optimisée de la Qualité, on construit ça en deux ans !

Le chauffeur se renfrogne et ne répond pas. Le taxi arrive en vue de la tour Eiffel.

- Wooooow, ça est quoi, ça ?

- Ben c'est la tour Eiffel !

- Et combien de temps vous avez mis pour construire ça ?

- Deux ans et deux mois ! Répond fièrement le taxi qui connaît ses classiques.

- Oh oh, dans mon pays, aux États-Unis, une entreprise certifiée construit ça en dix mois !

Le taxi commence à être franchement énervé, sa voiture arrive devant l'Arc de Triomphe.

- Wooooow, ça est quoi, ça ?

- Ça ? Hummm, je sais pas, c'était pas là hier…

Poulets volants

Bien avant l'ère de la Qualité avec un grand Q, l'industrie aéronautique américaine a été confrontée à la nécessité de réaliser des tests de sécurité au sol reproduisant les conditions rencontrées par ses avions en vol. Parmi ces tests, celui du poulet consistait à évaluer la résistance du pare-brise des avions lors d'une collision avec un oiseau volant en altitude. La méthode empirique, inventée par les techniciens, consistait à projeter contre le cockpit un banal poulet du commerce, à la vitesse maximale d'un avion en vol. Ce test a donné toute satisfaction pendant des dizaines d'années.

En 1988, les départements Qualité sont apparus. Ils ont décidé de récupérer ces canons à poulets artisanaux et de prendre en main ces tests. Mais après quelques mois, la production fut paralysée. Aucun pare-brise ne parvenait à résister aux poulets qui dévastaient le cockpit et finissaient leur course encastrés dans la porte de la cabine de pilotage. Les techniciens, intrigués par ces échecs incompréhensibles, finirent par obtenir (avec beaucoup de difficultés) le protocole employé par le département Qualité. Ils le renvoyèrent avec un commentaire laconique "Vous avez oublié de décongeler les poulets."

Le vieux Salomon

Le vieux Salomon, malgré ses 70 ans, dirige toujours sa petite entreprise de confection. En sortant de chez lui, il trébuche sur une vieille lampe d'où sort un Génie qui déclare d'une voix de stentor :

BONJOUR VIEIL HOMME ! TU M'AS SORTI DE 10 000 ANS DE TÉNÈBRES, FAIS UN VŒU ET JE L'EXAUCERAI !

Merci, répond Salomon, mais je suis vieux et l'âge des rêves est derrière moi. Je n'ai pas de vœu.

AH NON, PAS QUESTION ! SI JE N'EXAUCE PAS DE VŒU, JE RETOURNE POUR 10 000 ANS DANS LA LAMPE. TROUVE-MOI UN VŒU !

Salomon réfléchit… Bon, en fait tu peux m'aider ! Vois-tu, au début, le métier était simple, mais maintenant, nous sommes envahis de procédures, de directives, de normes, au point que tous mes collègues font fabriquer à l'étranger. Si tu pouvais rendre tout ça facile à comprendre, je serais le plus heureux des hommes.

EH BIEN VOILA, C'EST PARFAIT ! dit le Génie en prenant la pile de classeurs Qualité que lui remet Salomon.

Une heure après, le génie revient avec les classeurs.

ÉCOUTE, JE N'AI JAMAIS VU UN BAZAR PAREIL, C'EST INCOMPRÉHENSIBLE ET CERTAINS DOCUMENTS SE CONTREDISENT ENTRE-EUX. TU N'AURAIS PAS UN AUTRE VŒU ?

Salomon se concentre. Ah si ! Je suis marié avec Sarah depuis 50 ans, et elle n'a jamais voulu entendre parler de fellation ! Je voudrais connaître ça avant de mourir.

À LA BONNE HEURE, TU ME SAUVES ! S'écrie le Génie, qui s'engouffre dans la maison de Salomon.

Trois heures après, il ressort penaud : BON, REPASSE-MOI LES CLASSEURS QUALITÉ.

Chapitre XV

Charabia, Novlangue et autres jargons

Les consultants Qualité aiment les mots ésotériques et les phrases creuses. Souvenez-vous qu'une attaque frontale contre la Qualité est vouée à l'échec. Si vous interpellez des consultants Qualité en réunion pour vous faire expliquer leurs termes abscons, il se trouvera toujours parmi vos collègues un *ravi* qui ne manquera pas de vous donner la réponse d'un air condescendant. C'est vous qui passerez pour un idiot.

Souvenez-vous que le but du consultant en Qualité domination est de persuader des agents compétents (vous) qu'il a des choses à leur apprendre sur la façon d'améliorer leur travail. Les abréviations et les concepts fumeux dont il ponctue ses présentations sont autant de pièges. Si vous demandez des explications, il atteint son objectif : montrer que cette formation était nécessaire car vous n'aviez pas tout compris. Le sachant est toujours en position de supériorité par rapport à l'apprenant, c'est d'ailleurs pourquoi il passera bizarrement assez peu de temps à se faire expliquer en quoi consiste votre métier.

Faites au contraire semblant de comprendre ; vous pouvez même rivaliser avec les qualiticiens grâce à des générateurs automatiques de charabia comme celui disponible sur le site http://www.pipotronic.com. Le summum consiste à transformer ces phrases en questions que vous leur poserez en réunion ou en formation. Pris à leur propre piège, il est probable qu'ils vous répondront sur le même ton en faisant semblant d'avoir compris votre question.

Exemples tirés du site pipotronic :

- "Pourrait-on dire que, concomitamment à l'adaptabilité interne/externe, la connaissance des paramètres permet de capitaliser sur les axes mobilisateurs d'excellence ?"

- "Cela signifie-t-il que pour réagir à notre forte croissance transversale, on doit surperformer les problématiques qualité ?"

- "Pensez vous que pour optimiser notre approche référentielle, un meilleur relationnel permettrait d'anticiper les monitorings framework ?"

Si vous êtes plusieurs à jouer à ce jeu en réunion (préparez des questions à l'avance) et si vous jouez bien votre rôle, l'impact peut être dévastateur pour le pauvre orateur qui croyait que son jargon assurerait sa domination sur votre groupe.

Attention ! Si vous êtes particulièrement habile et convaincant, vous pourriez recevoir une offre pour intégrer le département Qualité ! Soyez prudent, l'entrisme a ses limites.

Le site http://darmont.free.fr/vrac/rf-langue-beton.php vous permet d'aller plus loin en générant aléatoirement de véritables documents rédigés en jargon. En voici le résultat brut :

"D'autre part, le développement des diverses formes d'action nous permet de mieux apprécier des conditions adéquates d'accélération de nos activités. La pratique quotidienne démontre que la structure actuelle de notre agence contribue de manière significative à rétablir un système organisationnel entièrement rénové. L'expérience riche et variée de nos agents sur le terrain couplée au renforcement et à l'extension de nos structures constitue une tentative intéressante pour tester un système de formation des agents administratifs adapté à nos nouveaux besoins. N'oublions toutefois pas que l'accroissement constant de la qualité et de la quantité de nos activités contribue de manière significative à rétablir un système organisationnel entièrement rénové. L'expérience riche et variée de nos agents sur le terrain couplée à la structure actuelle de notre agence enrichit notre expérience, ce qui nous permettra dans un avenir très proche de proposer diverses formes d'influence réciproques. D'autre part, l'étendue et la place de la formation des cadres dessinent de nouvelles directions dans lesquelles développer les conditions administratives qui encadrent notre action. Contrairement à ce qu'affirment nos détracteurs, le succès remarquable de notre action auprès des administrés dessine de nouvelles directions dans lesquelles développer des conditions adéquates d'accélération de nos activités. Il va de soi que le lancement d'une campagne décidée nous pousse à préciser et à définir un système de formation des agents administratifs adapté à nos nouveaux besoins."

Quelques corrections mineures permettront de le rendre parfaitement crédible. Le jeu consiste bien sûr à l'intégrer dans vos rapports. Ce sera l'occasion de vérifier que votre patron ne les lit pas. À ce stade, vous n'aurez plus rien à craindre de la Qualité domination : vous serez vacciné à vie.

Après-propos

J'espère que ce petit livre vous aura amusé ou au moins soulagé. Son but premier est de rendre espoir aux victimes des outils de gestion pervers dont l'objectif inavoué est la domination d'autrui.

Je souhaite réaffirmer que cette critique sévère de la Qualité dévoyée et de ses avatars ne concerne pas toutes les formes de recherche d'amélioration de la qualité du travail, et encore moins tous ceux qui s'y investissent. J'ai cité des exemples de Qualité réussie et d'organisations qui fonctionnent à merveille. Il existe des ingénieurs Qualité intelligents, respectueux des agents de terrain, qui œuvrent au quotidien pour optimiser les méthodes de travail en collaboration étroite avec les agents qui devront les mettre en oeuvre.

Ceux que je raille et que je méprise sont tout autres. Ils ne s'intéressent qu'aux aspects de la Qualité susceptibles d'accroître leur pouvoir ou leurs revenus. Ils créent de la perte de valeur, de la souffrance, et parfois des morts. Ce sont eux qu'il faut démasquer et combattre. C'est l'intérêt de tous, y compris de ceux qui continuent à croire en l'intérêt d'une démarche Qualité à visage humain telle que Deming l'avait conçue.

Quoi qu'il arrive, gardez toujours en tête l'excellent précepte de Mark Twain : "Utilisons l'humour comme un outil ou un prisme déformant pour rendre notre vie quotidienne moins insupportable."

Et pour aller plus loin, pour apporter votre témoignage, ou pour lire d'autres blagues sur la Qualité, consultez régulièrement le site : http://www.QualiteMonQ.com

Les citations auxquelles vous avez échappé

Winston Churchill : "Je ne crois qu'aux statistiques que j'ai falsifiées moi-même !"

Frédéric Pierru : "La rationalité des réformes est une rationalité politique déguisée en rationalité scientifique."

Woodrow Wilson : "Rien n'est plus efficace que la coopération spontanée de personnes libres."

Frank J Barrett : "Si la démarche Qualité avait été appliquée à la musique, le jazz n'aurait jamais existé." (adaptée)

Romain Gary : "L'humour est l'arme blanche des hommes désarmés. Il est une forme de révolution pacifique et passive que l'on fait en désamorçant les réalités pénibles qui vous arrivent dessus."

Alain-Charles Martinet : "Les gestionnaires sont des gens sérieux et efficaces qui n'ont pas de temps à perdre avec une quelconque réflexion sur le sens de leur action."

Abraham Lincoln : "On peut éventuellement changer l'action de l'homme, mais on ne saurait changer la nature humaine."

François Dupuy : "Des livres "révolutionnaires" ont circulé, qui devaient changer la donne et bouleverser l'art d'organiser le travail. (...) Mais à bien y regarder de près, ce n'est guère plus que du taylorisme recyclé, couvert d'un rhétorique humaniste qui exprime le contraire de la réalité vécue par ceux à qui elle est destinée."

Alexis Rosenbaum : "Il n'y a pas d'un côté des sciences biologiques qui délivrent une vision essentiellement génétique des comportements, et de l'autre, des sciences humaines attachées à démontrer que les structures sociales sont des constructions. Il existe bien davantage une science unifiée qui analyse l'évolution des êtres vivants, humains ou non, en fonction de leur hérédité génétique, de leur expérience de vie et de leur environnement."

Michel Crozier et Erhard Friedberg : "L'analyse des rapports de pouvoir est indispensable pour comprendre le fonctionnement des organisations et rendre intelligible le comportement de leurs membres."

Ève Chiapello et Patrick Gilbert (citant **Braverman**) : "La fragmentation et la mécanisation du travail, source de déqualification, ont dépouillé les travailleurs du pouvoir provenant de leurs compétences et savoir-faire afin d'exercer sur eux une plus grande coercition et en tirer un plus grand profit."

Remerciements

Je remercie les relecteurs qui ont apporté leur précieux regard sur cet essai. Cette relecture souvent critique, qui a permis de corriger des erreurs et de reformuler certains passages, ne signifie en aucun cas qu'ils en approuvent l'esprit général ni le contenu final.

David Beausire (@dzb_dix_sept), Raphaël Bérenger (@RaphaelBerenger), Alain Braillon, Serge Cannasse, Jean-Michel Chabot, Corinne Challand, Claude Chanut, Valérie Chigot, Guillaume de Durat, Georges Delamarre, Carole Duchamp, Nathanael Faibis, Georges Yoram Federmann, Marc Gourmelon, Bernard Granger, Anne Guilleaume, Jean-Baptiste Harriague, Christian Lehmann, *Manubat,* Claudina Michal-Teitelbaum (*CMT*), Jean-Paul Mir, Hervé Nabarette, Estelle Saget, Wolfgang This

114

Bibliographie commentée

Les ouvrages et documents audiovisuels présentés dans cette sélection permettront au lecteur intéressé d'approfondir sa réflexion sur les sujets évoqués dans l'ouvrage.

Ils sont classés en fonction de leur importance pour comprendre la Qualité-domination.

Crozier Michel, la Crise de l'intelligence. Essai sur l'impuissance des élites à se réformer, Paris, InterÉditions, 1995.

A tout seigneur tout honneur, je commence par la référence francophone avec le pionnier de la sociologie des organisations. Le sous-titre résume parfaitement le corps de l'ouvrage : *Essai sur l'impuissance des élites à se réformer*. Mais s'agit-il d'une impuissance ou au contraire d'une volonté inconsciente de conserver sa puissance, son pouvoir ? Michel Crozier analyse parfaitement l'inefficacité des solutions et des procédures « venues d'en haut ». Malgré ses hautes fonctions et ses nombreux ouvrages, son discours n'a pas été écouté. Vous savez désormais pourquoi.

Dejours Christophe, *l'Évaluation du travail à l'épreuve du réel*. Critique des fondements de l'évaluation, Paris, INRA, 2003.

Ce petit livre constitue un résumé des thèses de Christophe Dejours, psychiatre spécialiste de la souffrance au travail. Après l'avoir lu, vous ne verrez plus la démarche Qualité de la même façon.

Adams Scott, *Dilbert : Réunissons-nous pour supprimer les réunions*, Paris, Albin Michel, 2000 [United Feature Syndicate Inc., 2000 ; diffusion dans la presse en 1996].

Scott Adams croque avec férocité l'absurdité du monde de l'entreprise avec sa célèbre galerie de personnages inspirée de sa vie professionnelle. Dilbert, l'ingénieur désabusé, est le plus célèbre d'entre eux. Ces « strips » sont si subversifs que leur affichage est interdit dans certaines sociétés. Le personnage du « Stupid Boss », avec ses cheveux en pointe, est l'archétype du dominant égoïste et arriviste. L'ensemble de l'œuvre de Scott Adams suscite le fou rire ou le désespoir, suivant l'état d'esprit du lecteur.

Rosenbaum Alexis, *Dominants et dominés chez les animaux*, Odile Jacob, 2015.

L'auteur, philosophe des sciences et non éthologue comme on pourrait le penser, analyse les manifestations de la dominance et de la soumission chez l'animal. Il s'interroge sur les sens des hiérarchies, présentes dans certaines espèces et non dans d'autres. Il montre à quel point elles peuvent stabiliser les petits groupes de vertébrés. La force de ce livre réside dans sa description objective d'un monde méconnu, sans que l'auteur cherche à soutenir une quelconque théorie, ce qui le différencie du mien ;-). La lecture de cet essai est facile et passionnante.

De Gaulejac Vincent, *la Société malade de la gestion*, Éditions du Seuil, 2005.

Vincent de Gaulejac est un sociologue spécialisé dans les dérives du pouvoir managérial. Ce livre, d'un abord facile, constitue une synthèse de sa pensée et une excellente entrée en matière pour comprendre les mécanismes de la *Lutte des places*, titre d'un autre excellent ouvrage de cet auteur.

Dupuy François, *Lost in management, la vie quotidienne des entreprises au XXIe siècle*, Éditions du Seuil, 2011 et son tome 2 : la Faillite de la pensée managériale, même éditeur, 2015.

Le sociologue des organisations François Dupuy, héritier spirituel de François Crozier présente dans cet ouvrage le résultat de plusieurs dizaines d'années d'observation du monde du travail. Enseignant, consultant réputé, il démontre dans ces ouvrages de référence que les entreprises sont en passe de perdre le contrôle d'elles-mêmes. Le premier tome est un recueil d'études de cas réels et d'interviews d'acteurs du monde du travail. L'approche y est donc essentiellement descriptive, et parfois effrayante tant le résultat des nouvelles méthodes de gestion peut être désastreux. L'auteur conclut en recommandant aux managers de redécouvrir les vertus de la confiance et de la simplicité.

Le deuxième tome est une sorte de testament désabusé, qui dénonce le "taylorisme recyclé". La démarche Qualité dévoyée en prend pour son grade. Il montre aussi l'escroquerie des "valeurs" promues par l'entreprise, qui correspondent trop souvent à celles qui manquent à la direction.

Ces deux best-sellers constituent des références incontournables.

Chiapello Ève, Gilbert Patrick, *Sociologie des outils de gestion*, Éditions La Découverte, 2013.

Ce brillant manuel universitaire dissèque les principaux outils de gestion. Il est bien écrit et d'abord facile. Sa structure est très pédagogique (tableaux comparatifs, fiches de synthèse). Les auteurs ne défendent aucune chapelle en particulier, mais exposent avec neutralité les différentes approches managériales historiques et actuelles. On lira avec intérêt le début de la deuxième partie :" l'outil de gestion pris dans les rapports de domination".

Algan Yann, Cahuc Pierre, Zylberberg André, *la Fabrique de la défiance*, Éditions Albin Michel, 2012.

Un ouvrage centré sur la défiance, étroitement associée aux structures hiérarchisées et élitistes. Les auteurs démontrent à quel point l'intérêt de la confiance et de la subsidiarité est totalement ignoré par nos élites.

Morel Christian, les Décisions absurdes, sociologie des erreurs radicales et persistantes, Éditions Gallimard, 2002.

Un best-seller dont le titre décrit parfaitement le contenu : pourquoi l'entreprise, l'administration ou l'université paraissent-elles gouvernées par des lémuriens ivres ? Christian Morel se penche sur les principaux mécanismes qui sous-tendent les prises de décision stupides, et surtout l'aveuglement qui conduit à leur répétition ou à leur amplification.

Bruno Isabelle, Didier Emmanuel, *Benchmarking, l'État sous pression statistique*, Éditions La Découverte, 2013.

Une analyse spécifique de la manie de mesurer, de comparer et d'étalonner l'activité humaine. Extrait : "la naissance du *Benchmarking* s'inscrit dans le recours à une quantification incessante de toutes les activités, à tous les échelons, dans un but de *qualité totale* et *compétitivité internationale*. Deux impératifs qui permettent de plier les agents à une discipline indéfinie, bien plus perverse que les consignes du contremaître ou que la dure loi du pouvoir souverain. Au lieu de nous soumettre à des ordres ou à des règles, le *benchmarking* parvient ainsi à orienter notre engagement dans l'action, à gouverner ce que l'on a tendance à croire de plus personnel : nos initiatives."

Grandjean Catherine, Une Approche critique de la démarche qualité dans les institutions sanitaires, sociales et médico-sociales.

Ce texte remarquable analyse toute la perversité de la démarche Qualité, plus particulièrement dans les institutions sanitaires comme les hôpitaux ou les EHPAD. Il m'a beaucoup influencé et a joué un rôle de révélateur, face à un malaise que je ressentais sans pouvoir l'analyser avec autant de justesse. Lisible à cette adresse http://www.atoute.org/n/article236.html

Voutch, *le Monde merveilleux de l'entreprise*, Paris, Le Cherche Midi, 2015.

Voutch connaît bien le monde de l'entreprise pour l'avoir fréquenté. Ses dessins sont féroces mais jamais méchants. Un de ceux que je préfère montre un conseil d'administration. Le président est debout et déclare : *« Pour notre entreprise, cette question soulève à la fois un grave problème éthique et un problème économique. Si personne n'y voit d'objection, passons directement au problème économique. »* Comment mieux résumer le comportement des hiérarchies de domination en entreprise ?

Anonyme, petit Guide à l'usage des professionnels de la santé soumis à la démarche qualité, aux guides de bonnes pratiques et à la transformation aveugle de l'hôpital en entreprise, non daté.

Ce court document anonyme circule sur Internet depuis quelques années.

Il résume remarquablement l'impact délétère de la démarche qualité en milieu hospitalier.
http://www.larevanchedurameur.com/medias/petitguide.pdf

Mas Bertrand, Pierru Frédéric, Smolski Nicole, Torrielli Richard, *l'Hôpital en réanimation*, Éditions du Croquant, 2011.

Une critique féroce et bien étayée du *new public management* (nouvelle gestion publique) à l'hôpital. Cette méthode de gestion n'est qu'un des avatars de la Qualité totale, affublée d'un costume rayé ultra-libéral.

Dahan Muriel, Sauret Jacques, *Sécurisation du circuit du médicament à l'Assistance publique-Hôpitaux de Paris*, rapport de l'Inspection Générale des Affaires Sociales, La documentation française, juillet 2010.

Ce rapport mérite d'être lu ou au moins parcouru, tant il illustre la gravité du cancer technocratique qui envahit le monde hospitalier. C'est un condensé au premier degré de l'absurdité des procédures centralisées qui désorganisent le travail des soignants, le plan détaillé d'une usine à gaz modèle.
http://www.atoute.org/images/2014/igas-dahan-sauret.pdf

Gouyon Pierre-Henri, Henry Jean-Pierre, Arnould Jacques, *les Avatars du gène. La théorie néodarwinienne de l'évolution*, Paris, Belin, 1997.

Une mise à jour de la théorie de l'évolution dans la lignée des travaux de Dawkins et de son *Gène égoïste*. Le néodarwinisme place le gène au centre de l'évolution et fait de l'individu un simple avatar, un porteur d'information. Cette « théorie scandaleuse » permet de décoder beaucoup de comportements humains : nous sommes programmés par l'information que nous portons pour optimiser sa diffusion. Deux stratégies cohabitent pour réussir cette mission : se reproduire et protéger ses descendants (approche égoïste) ou faciliter la survie de ceux qui portent la même information que nous, c'est à dire les mêmes gènes ou la même culture (approche altruiste). Comprendre que l'information est le vrai sujet de la sélection naturelle permet d'expliquer au moins en partie les comportements altruistes et coopératifs.

Laborit Henri, *la Nouvelle Grille*, Paris, Robert Laffont, 1974.

L'aboutissement de la pensée d'Henri Laborit. Cet ouvrage reste d'une grande modernité. Indispensable pour comprendre l'importance des rapports de domination dans notre société, en complément du néodarwinisme qui lui est postérieur.

Simon David, *the Wire*, Warner Bros DVD, 2002-2008.

Cette série américaine est régulièrement classée par les critiques comme l'une des plus brillantes de tous les temps, malgré son succès public modéré. Les faits réels qui ont inspiré ses auteurs lui confèrent une valeur quasi documentaire. Le sujet central de cette série est la ville de Baltimore. Les cinq saisons (soixante épisodes) traitent avec une rare acuité des problématiques sociales, professionnelles et scolaires de cette cité industrielle déchue : délinquance, drogue, syndicalisme, enseignement, police, politique, et enfin éthique du journalisme. C'est une série sans bons ni méchants, qui a décontenancé le public nord-américain. Chacun des protagonistes de ce drame évolue avec ses contradictions et tente de survivre dans son écosystème au sein d'un monde qui s'effondre. Les différentes hiérarchies et leurs dominants se combattent ou collaborent entre elles. Cette série est incontournable pour qui veut réfléchir à l'avenir de nos sociétés urbaines. On s'intéressera plus particulièrement à l'impact désastreux de la mesure de la performance de la police ou des enseignants à partir d'indicateurs chiffrés dans la quatrième saison.

Le maire de Reykjavik, Jon Gnarr, a imposé en 2010 aux membres de sa coalition de regarder la totalité des épisodes de la série.

Lepage Franck, conférence gesticulée : *Incultures ; l'éducation populaire, Monsieur, ils n'en ont pas voulu.* **Enregistrement du 16 mars 2011 disponible sur https://youtu.be/96-8F7CZ_AU**

J'ai dédié ce livre à Franck Lepage, que je n'ai pourtant jamais rencontré, car son spectacle de plus de 3 heures est un merveilleux concentré d'humour associé à une analyse féroce de nombreuses manipulations proches de celles qui sont dénoncées dans ce livre. On admirera notamment à partir de 2h 55' sa maîtrise de la novlangue avec le célèbre sketch des petits papiers, que j'ai repris sur le site du livre avec les mots de la qualité.

Ouaknin Marc-Alain, Rotnemer Dory, *la Bible de l'humour juif* **(deux tomes), Éditions Ramsay, 1995-1997.**

La référence francophone en matière d'humour juif, précieuse source d'inspiration pour les blagues sur la Qualité.

Cette bibliographie sera enrichie sur le site du livre :

http://www.QualiteMonQ.com

Table des matières